AI赋能

人工智能赋能中国企业升级

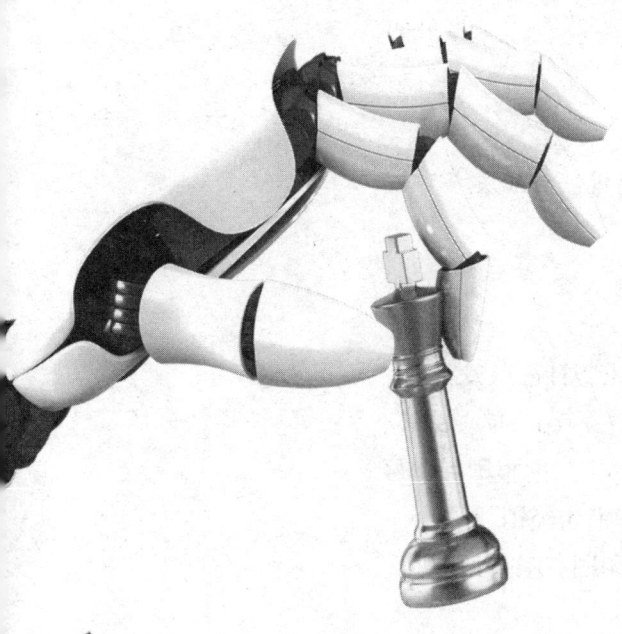

刘小文　李明林◎著

中国商业出版社

图书在版编目（CIP）数据

AI 赋能：人工智能赋能中国企业升级 / 刘小文, 李明林著. -- 北京：中国商业出版社, 2020.1

ISBN 978-7-5208-1077-7

Ⅰ. ①A… Ⅱ. ①刘… ②李… Ⅲ. ①人工智能—应用—企业升级—研究—中国 Ⅳ. ①F279.2

中国版本图书馆 CIP 数据核字（2019）第 289870 号

责任编辑：刘万庆

中国商业出版社出版发行
010-63180647　www.c-cbook.com
（100053 北京广安门内报国寺 1 号）
新华书店经销
三河市长城印刷有限公司印刷

*

710 毫米 ×1000 毫米　1/16 开　12.5 印张　175 千字
2020 年 1 月第 1 版　2020 年 1 月第 1 次印刷
定价：48.00 元

****

（如有印装质量问题可更换）

引言

AI赋能,一切皆有可能!

何为AI赋能呢?

《超能陆战队》是在2015年上映的一部影片。不管是影片的故事,还是所传达的正能量,甚至是呆萌的大白,都让笔者喜爱不已。其中,最令人感慨的还是那些高科技。人的思想创造力确实无穷大,不仅创造出了能够治疗人类心理的机器人,还能对人类心情进行计算,具备人类的情感和大脑思维。这就是人工智能机器人。

AI赋能在这部电影中得到很好的诠释:机器人大白非常可爱,它的眼睛就是两个摄像机,身体就是传感器。遇到男主小宏时,它的眼睛就能在极短的时间里快速捕捉到对方的体征、健康数据,甚至情绪等。看到小宏情绪低落,大白就会安慰他;如果发现小宏身体有问题,它就会进行辅助性治疗。

这就是AI服务医疗最好的例子,在人工分拣机方面,也是AI赋能的意义所在! AI的作用就是,让复杂的事情简单化,释放出巨大的产业能量。

如今,人工智能技术已经从实验室走出来,进入到人们的生活,从医疗检测、求职招聘，到商场购物、电商客服等众多领域，人工智能都已经开始承担台前幕后的工作，代替了人力，改变着人们的生活和工作。

比如，你每天下班回到家门口时，指纹开锁打开大门，客厅的灯就会悄然亮起，窗帘缓缓拉起，空调提前开启，扫地机器人已经把客厅打扫得干干净净，米饭已经在智能电饭煲煮熟，一阵阵美妙的音乐从智能音箱播放出来……随着 AI 智能的快速发展，这些智能生活场景已经逐步成为现实。借助人工智能的帮助，越来越多的产品朝着智能化方向发展，为人们带来了更加舒适、便捷、智能的消费新体验。

毋庸置疑，工具不会跟人沟通，在人类发展的历史长河中，任何工具的使用都需要学习，而人工智能的出现，则为工具提供了开口说话的机会。人工智能可以像人类一样思考、学习和决策，其利用基于大数据的深入学习，让机器能够感知、规划、推理和自我优化，进行理性决策。

伴随着 AI 的大规模落地，智联万物的时代已经来临，AI 赋能个体将逐渐升级为赋能整个生态，步入深度场景化。在万物互联走向商业化落地的重要节点，能否构建智能化生态系统，影响着企业能否真正实现智能化商业落地。

随着计算力、数据以及算法三大要素逐渐走向成熟，人工智能的第三次浪潮滚滚而来。对于传统行业，既有挑战，也有机遇。传统行业完全可以利用人工智能重塑自身行业，完成智能化转型。

可以预见，在未来的很长一段时间，人工智能将会成为企业争夺的战略制高点，谁先掌握人工智能，谁就能在技术上走上更高的台阶，在市场竞争中压制对手。

AI 赋能，一切皆有可能！

目录

第一章
"智能+"接棒"互联网+"

第一节　什么是人工智能 / 2

第二节　发展历程：两起两落，正经历第三次浪潮 / 7

第三节　人工智能的算法、路径和价值 / 11

第四节　数据视角下 AI 的技术布局 / 16

第五节　AI 解决的痛点与存在的不足 / 21

第六节　人工智能对传统行业的颠覆和变革 / 26

第二章
人工智能技术的细分领域

第一节　计算机视觉：给计算机装上眼睛和大脑，让计算机感知环境 / 30

第二节　语音识别：让机器通过识别，把语音信号变为相应的文本 / 34

第三节　自然语言处理：用自然语言与计算机进行通信 / 38

第四节　智能机器人：让机器像人一样思考 / 43

第五节　引擎推荐：挖掘用户的喜好和需求，向用户推荐信息 / 48

第三章
企业人工智能的应用落地

第一节　人工智能的三要素 / 54

第二节　人工智能落地的两个环节 / 69

第四章
"智能+",为传统产业"添翼"

第一节　"智能+"时代已步步临近 / 80

第二节　"智能+"传统产业将擦出什么样的火花 / 84

第三节　"智能+"助推产业转型升级 / 88

第四节　"智能+"生活方便你我 / 93

第五节　"智能+"助力新模式新业态发展 / 98

第五章
企业智能转型的维度

第一节　重新划分客户群 / 104

第二节　进行环境分析 / 107

第三节　商业模式创新 / 111

第四节　价值体系再造 / 115

第六章
人工智能战略的制定

第一节　传统企业的价值基点 / 120

第二节　智能时代的产品创新 / 125

第三节　智能制造的核心是人才 / 129

第四节　构建新型能力 / 133

　　第五节　竞争格局的构建 / 135

第七章
"智能+"，万物智能

　　第一节　"AI+"制造业 / 138

　　第二节　"AI+"物流供应链 / 143

　　第三节　"AI+"医疗 / 147

　　第四节　"AI+"教育 / 156

　　第五节　"AI+"金融 / 160

　　第六节　"AI+"交通 / 165

　　第七节　"AI+"餐饮 / 168

　　第八节　"AI+"家居 / 173

第八章
AI时代，传统企业的未来展望

　　第一节　AI时代，企业的发展趋势 / 178

　　第二节　AI时代，用责任感提高企业竞争力 / 183

　　第三节　AI时代，未来产业链的发展趋势 / 186

　　第四节　AI时代，行业玩家的应对策略 / 190

第一章
"智能+"接棒"互联网+"

"互联网+"的出现让各企业都十分激动,因为借助"互联网+",企业似乎更容易出成绩。可是,当"互联网+"已经渗入我们生活的方方面面,企业还能拿什么跟对手抗衡呢?答案就是——"智能+"!人工智能的出现,给企业带来了更多新的机遇,让其以超强的影响力开始接棒"互联网+"。只要握紧这支接力棒,努力迈开双腿,就能将对手远远地甩在后面。

第一节 什么是人工智能

在过去的很长一段时间里,"人机对战"一直都被认为是用来衡量人工智能进步程度的重要途径之一。

在过去的十多年里,随着人工智能的不断发展,传统智力游戏领域涌现出了更多的挑战者,人工智能已经在众多游戏、竞技比赛中超越了人类,例如:国际象棋、中国象棋、西洋双陆棋、跳棋等。在过去的2018年里,人工智能再一次凭借"人机大战"竞技场上的良好表现引发了全球对人工智能的持续关注。

1. 什么是人工智能

人工智能(Artificial Intelligence),英文缩写为 AI。如今,在计算机领域内,人工智能已经得到了广泛重视;同时,它还被应用于机器人、经济政治决策、控制系统和仿真系统中。

著名的美国斯坦福大学人工智能研究中心尼尔逊教授认为:"人工智能是关于知识的学科——怎样表示知识以及怎样获得知识并使用知识的科学。"而温斯顿教授认为:"人工智能就是研究如何使计算机去做过去只有人类才能做的智能工作。"这些说法都揭示了人工智能学科的基本思想和基本内容,即人工智能是研究人类智能活动规律、构造具有一定智能的人工系统,主要研究内容是如何让计算机完成以往只有人的智力才能胜任的工作，如何应用计算机的软硬件来模拟人类某些智能行为的基本理论、方法和技术。

人工智能是计算机科学的一个分支，从诞生以来，经过多年的发展，其理论和技术已经逐渐成熟，应用领域也不断扩大，未来人工智能带来的科技产品必然会成为人类智慧的"容器"。人工智能可以模拟人的意识、思维的信息过程，既可以像人一样思考，也能超越人的智能。

人工智能研究的一个主要目标是，使机器能够胜任通常需要人类智能才能完成的复杂工作，只不过，不同的时代、不同的人对其理解不同。2017年12月，人工智能成为"2017年度中国媒体十大流行语"。

2. AI 的应用领域

人工智能的应用领域异常广泛，主要涉及以下各个领域：

（1）视觉系统

人工智能系统理解、解释了计算机上的视觉输入，例如，间谍飞机拍摄照片、计算空间信息或区域地图；医生使用临床专家系统来诊断患者；警方使用的计算机软件可以识别数据库里存储的肖像，继而识别犯罪者的脸部等。

（2）智能机器人

机器人能够执行人类给出的任务，具有传感器，可以检测到来自现实世界的光、热、温度、运动、声音、碰撞和压力等数据。其拥有高效的处理器，多个传感器和巨大的内存，能够展示出它的智能，能够从错误中吸取教训。

（3）专家系统

为了传授推理和建议，人工智能的一些应用程序集成了机器、软件和特殊信息，为用户提供了解释和建议，比如：分析股票行情、进行量化交易等。

（4）语音识别

智能系统能够与人类对话，可以通过句子及其含义来听取和理解人类的语言，可以处理不同的重音、俚语、背景噪声、人类声调变化等。

（5）游戏

人工智能在国际象棋、扑克、围棋等游戏中发挥着重要作用，可以根据启发式知识来思考众多可能的位置，计算出最优的下棋落子。

（6）自然语言处理

人工智能可以与理解人类自然语言的计算机进行交互，比如：机器翻译系统、人机对话系统。

（7）手写识别

通过笔在屏幕上写的文本，手写识别软件可以识别字母的形状，并将其转换为可编辑的文本。

3. 人工智能未来将实现的重大突破

不论是可以跟人类对话的智能音箱，还是能够自己作画的虚拟艺术家；不论是能够帮农民准确判断种植和施肥时间的农场管理系统，还是能够在演唱会现场快速识别罪犯的人脸识别程序，都已经开始使用人工智能技术。那么，未来的人工智能又会向哪个方向发展呢？医疗、能源、制造、网络安全等行业，以及我们的工作、生活、生命健康又将产生怎样的影响？

（1）引发新的非人类模式识别和智能成果

AlphaGo Zero 是一个机器学习程序，主要功能是训练复杂的围棋游戏。2017年，它以100∶0击败了上一代程序AlphaGo。2016年AlphaGo击败人类围棋世界冠军，被世人所关注。

AlphaGo Zero不是从人类游戏中学习，而是通过与自身的对抗或"自学"等方式来进行训练，是一种强化学习的方法。从头开始构建自己的知识，AlphaGo Zero都展示了一种全新的创造方式。更具突破性的是，这种人工智能模式识别还允许机器在几个小时内快速将数千年的知识积累起来。

虽然这些系统不能回答"什么是橙汁"，更不能与一个五年级学生进行智力竞争，但定然会越来越具有战略复杂性，并与其他形式的弱人工智能融合在一起。

在接下来的日子里，虽然我们不知道AlphaGo Zero的"继承者"会以怎样的形式出现，但可以肯定的是，新的人工智能将不仅能增强商业上的功能，还能为人类的日常生活提供更多的便利。

（2）用机器学习进行诊断和治疗

据说，一些中美研究人员已经建立了一个人工智能系统，可以对从流感到脑膜炎等常见的儿童疾病进行诊断。通过对近60万名患者、130万次门诊就诊的电子病历进行分析，得到了史无前例的诊断结果。此外，加州大学圣地亚哥分校眼科遗传学主任张康博士还创建了一种人工智能工具，能够用来精确诊断致盲性视网膜疾病与肺炎，同样也展示出了极高的准确率。

我们有理由相信，在不久的将来定然能够看到一个转折点，医生会觉得在日常实践中不使用机器学习和人工智能是危险的，很可能会错过重要的诊断信号。

（3）对安全系统脆弱性和防御造成影响

随着人工智能对生活的渗透，网络攻击会越来越具有威胁性，而"深度攻击"却能通过利用人工智能生成的内容来避免人类和人工智能的控制。不进行适当的保护，人工智能系统就可能被操纵来达到某些破坏性目的，比如：破坏名誉、转移自动驾驶汽车。

现实中，建筑物、家庭、医疗保健系统、空中交通管制、金融组织、军事和情报部门都有安全系统，但这些系统已经受到周期性的黑客攻击，而且速度也会越来越快。因此，这里有很多商业机会，而且在它对我们造成影响之前，很多机会都会超越这条曲线。

（4）量子优势将加速药物的设计和测试

如今，为了预测药物，化学家必须考虑到受分子结构影响的性质，然后合成变体来测试他们的假设。量子计算可以将这个耗时的、成本高昂的过程转成一个高效的、改变生命的药物发现新机制。笔者认为，量子计算会对产业造成重大影响，不是通过破坏加密，而是通过大规模并行处理进入设计领域，该处理可以将量子叠加、量子干涉和量子纠缠等充分利用起来，大大超越经典计算。

（5）推动原子精确制造的突破

现代计算机改变了我们与比特和信息的关系，人工智能也将重新定义和革新我们与分子和材料的关系。目前，人工智能已经被用来发现清洁技术创新领域的新材料，比如：太阳能电池板、电池，以及可以进行人工光合作用的装置。

如今，制造一种新材料需要15～20年，随着人工智能设计系统的飞速发展，材料的发现过程必然会逐渐加快，我们也能以创纪录的速度解决各类紧迫问题，比如：气候变化。

第二节 发展历程：两起两落，正经历第三次浪潮

1956 年夏，以麦卡赛、明斯基、罗切斯特和香农等为首的一批年轻科学家聚在一起，研究和探讨了用机器模拟智能的一系列有关问题，并首次提出了"人工智能"这一术语，标志着"人工智能"的正式诞生。之后，经过多年的长足发展，人工智能发展成为一门广泛的交叉和前沿科学。

人工智能，可以让计算机像人一样思考。如果想做出一台能够思考的机器，就要知道什么是思考、什么是智慧。什么样的机器是智慧的呢？比如，科学家已经做了汽车、火车、飞机、收音机等，它们可以模仿人类身体器官的功能，但能否模仿人类大脑的功能还有待商榷。目前，我们只知道该器官由数十亿神经细胞组成，对它了解不多，更无法进行模仿。

计算机出现后，人类有了一个可以模拟人类思维的工具，在以后的日子里，科学家都在为这个目标努力着。如今，人工智能已不再是几个科学家的专利，世界上几乎所有大学的计算机系都在研究这门学科，在大家的一致努力下，计算机似乎已经变得十分聪明了。例如，1997 年 5 月，IBM 公司研制的深蓝（DEEP BLUE）计算机战胜了国际象棋大师卡斯帕罗夫（Kasparov）。

人工智能始终都是计算机科学的前沿学科，计算机编程语言和其他计算机软件都是因为有了人工智能的发展而得以存在。2019 年 3 月 4 日，十三届全国人大二次会议举行新闻发布会，将与人工智能密切相关的立法

项目列入立法规划。

1. 人工智能的起落

人工智能的起点要追溯到60年前。1956年，在计算机领域独具影响力的约翰·麦肯锡说服了明斯基、香农等，将全美所有的自动机理论、神经网络和智能研究的人召集到一起，在达特茅斯组织了一场研讨会。该会议标志着人工智能学科的诞生。

人工智能是在人们信心爆棚时诞生的，虽然科学家非常乐观，声称自己的程序能够证明《数学原理》第二章中的大部分定理，但多数人并不能从这一乐观态度中看到明显的进步。美国政府非常支持这个领域，投了很多钱。

同时，英国政府却采取了完全不同的做法，邀请著名的数学家詹姆斯·莱特希尔（James Lighthill）教授，对人工智能做一个彻底评估。该教授查看了所有的相关论文后，写了一份报告，即《莱特希尔报告》，说，人工智能不可能有什么用途，只能被用来解决简单问题。因此，英国政府便没有在人工智能上进行大量投资，人工智能渐渐淡出了人们的视野。

其实，第一波人工智能浪潮止步于以下三种困难：

（1）早期的人工智能程序对句子的真实含义完全不理解，主要依赖于句法处理获得成功，致使它们心有余而力不足，直到现在问题仍然存在，只不过用大量的数据弥补了不理解真实含义的缺陷。也就是说，计算机并不是理解这个句子，而是看哪种翻译使用得最多。

（2）让程序每次都会发生一个小变化，最终就能产生出可以解决问题的程序，可是《莱特希尔报告》里重点强调的组合爆炸，却将这种思路堵死了。这就如同用试错法寻找正确的路，但每条路上都有无数的岔路，岔路间还彼此勾连，虽然走的路似乎很多，但试错法却毫无意义了。

（3）虽然人工智能具有的神经网络形式，能够学会它们能表示的任何东西，但其实只能表示很少的东西，应用范围有限。由于这些困难得不到有效的解决，20世纪70年代人工智能渐渐冷却，直到专家系统的兴起和神经网络的出现，人们才重新看到了希望。80年代部署了一些专家系统，为公司节约了数以千万美元的费用，比如，首个成功的商用专家系统R1，在DEC成功运转，DEC陆续部署了40个专家系统。

同时，神经网络上也取得了新进展。典型事件是，1989年燕乐存（Yann LeCun）在AT&T Bell实验室验证了一个反向传播在现实世界中的杰出应用，即"反向传播应用于手写邮编识别"系统，即该系统能精准地识别各种手写的数字。但不幸的是，那时候并不具备展开这类算法所需要的计算能力和数据，在实际应用中逐渐败下阵来，人工智能再次陷入低潮。

人工智能被低估了十几年，直到互联网和云计算的兴起。互联网和云计算之所以让深度学习复兴，关键有两点：一是互联网提供了海量数据；二是云计算提供了巨大的计算能力。这两点很像燃料与引擎，叠加到一起，就能让车跑得飞快。

2. 人工智能的第三次浪潮

如今，人工智能技术的发展已经走过了60年的历程。在这60年里，人工智能技术的发展并不顺利，主要经历了：20世纪50—60年代以及80年代的人工智能浪潮期，70—80年代的沉寂期。随着近年来数据爆发式的增长、计算能力的大幅提升、深度学习算法的发展和日益成熟，人工智能概念出现了第三个浪潮期。可是，这次的人工智能浪潮却完全不同于前两次的浪潮。

如今，基于大数据和强大计算能力的机器学习算法已经在计算机视觉、语音识别、自然语言处理等领域中取得突破性进展，基于人工智能技术的应用也逐渐变得成熟。同时，这一轮人工智能发展的影响已经远超学界，政府、企业、非营利机构都开始拥抱人工智能技术。

虽然第三次人工智能浪潮仅仅是个开始，但是今天人工智能的高速发展已经为我们拉开了新时代的帷幕。

第三节 人工智能的算法、路径和价值

1. AI 人工智能的几种常用算法概念

（1）粒子群算法

粒子群算法，也称粒子群优化算法（ParticleSwarm Optimization），缩写为 PSO，是最近几年发展起来的一种新的进化算法。

PSO 算法属于进化算法的一种，类似于遗传算法，主要是从随机解出发，通过迭代寻找最优解，通过适应度来评价解的品质，比遗传算法规则更简单，但是却没有遗传算法的交叉和变异操作，它主要是通过追随目前搜索到的最优值来寻找全局最优。这种算法实现容易、精度高、收敛快，引起了学术界的高度重视，在解决实际问题的过程中有着极高的优越性。

优化问题是工业设计中经常遇到的问题，许多问题最后都可以总结为优化问题。为了解决各种优化问题，人们提出了许多优化算法，比如：爬山法、遗传算法等。优化问题主要有两个：一是寻找全局最小点，二是有较高的收敛速度。其中，遗传算法主要是通过模仿自然界的选择与遗传的机理来寻找最优解。遗传算法一共有三个基本算子：选择、交叉和变异。但是，遗传算法的编程实现比较复杂，首先需要对问题进行编码，找到最优解；其次根据需要对问题进行解码。

粒子群优化算法是近年来发展起来的一种新的进化算法，也是从随机

解出发，通过迭代寻找最优解，也是通过适应度来评价解的品质。但是，比遗传算法规则更简单，没有遗传算法的交叉和变异操作。

（2）遗传算法

遗传算法是计算数学中用来解决最佳化问题的，是进化算法的一种。开始的时候，进化算法主要借鉴了进化生物学中的一些现象，包括：遗传、突变、自然选择以及杂交等。遗传算法的实现方式是一种模拟，进化完全从随机个体的种群开始，之后一代一代发生。在每一代中，整个种群的适应度会被评价，从目前种群中随机选择多个个体，通过自然选择和突变产生新的生命种群。在算法的下一次迭代中，该种群会成为目前种群。

遗传算法是解决搜索问题的一种通用算法，可以运用于各种通用问题，其共同特征是：组成一组候选解；依据某些适应性条件来测算候选解的适应度；根据适应度保留某些候选解，放弃其他候选解；对保留的候选解进行某些操作，生成新的候选解。

在遗传算法中，这些特征以一种特殊的方式组合在一起：基于染色体群的并行搜索，带有猜测性质的选择操作、交换操作和突变操作。这种组合方式，将遗传算法与其他搜索算法区别开来。

遗传算法还具有以下几方面的特点：

①从问题解的串集开始搜索，而不是从单个解开始。这是遗传算法与传统优化算法的极大区别。

②能够同时处理群体中的多个个体，能对搜索空间中的多个解进行评估，不仅减少了陷入局部最优解的风险，还容易实现并行化。

③基本上不用搜索空间的知识或其他辅助信息，仅用适应度函数值来评估个体，在此基础上进行遗传操作。

④不是采用确定性规则，而是用概率的变迁规则来指导它的搜索

方向。

⑤具有自组织、自适应和自学习性。

（3）蚁群算法

蚁群算法，又称蚂蚁算法，是一种用来在图中寻找优化路径的概率型技术。1992 年 Marco Dorigo（马尔科·多里戈）在他的博士论文中引入，灵感来源于蚂蚁在寻找食物过程中发现路径的行为。

自然界的种群异常广泛，但多数都有着以下能力：蚂蚁总能找到食物源和蚂蚁窝之间的最短路径。一旦这条最短路径被发现，蚂蚁就能在这条路上排成一行，在食物源和蚂蚁窝之间搬运食物。蚂蚁是怎么做到的呢？

众所周知，两点之间直线距离最短，但蚂蚁并不具备这种视力和智慧，无法从远处看到食物源，无法计划一个合适的路径来搬运食物。但是，它们会全体出动，分泌一定的化学物质，在老窝的周围区域进行地毯式搜索，这种化学物质叫 pheromone（信息素）。

（4）贪婪算法

贪婪算法，不追求最优解，只希望得到比较满意的解，可以快速得到满意的解。其以目前情况为基础作最优选择，不会考虑各种可能的整体情况，比如：平时购物找钱时，为了使找回的零钱的硬币数最少，会从最大面值的币种开始，按递减的顺序考虑各币种，先尽量使用大面值币种，当大面值币种的金额不足时，才会使用下一种面值较小的币种。这就是在使用贪婪算法。

2. 人工智能的路径

人工智能的发展路径如下：

（1）深度学习、算法技术、迁移学习的突破，形成了对大数据的分析与逻辑学习，形成了人工智能的初级阶段，这是第一阶段。

（2）量子计算机的应用，形成了跨界学习与逻辑学习的突破，形成了带有自我逻辑及判断的人工智能，这是第二阶段。

（3）量子计算机自我形成的系统生态能力，出现了可以自我思考的人工智能，这是第三阶段。

（4）形成自我意识、自我思考、自我逻辑、自我判断、自我创造的人工智能，这是第四阶段。

（5）智能手机、传感器、物联网、5G的普及形成大数据收集的基础。

3. 人工智能的价值

从生态到医疗，从汽车交易到汽车制造，从人工智能发展到政府监管，人工智能让我们的生活变得更加美好。

（1）价值

只要人工智能能够成功部署，人类未来就能真正关注自己应该关注的事情，并把机器该做的事交给机器。如此，人类就能获得更多的创新，提高生产效率和生活水平。

人工智能的核心价值是，能够通过有效预测提高人类驾驭不确定性的能力，能对生活产生根本性影响。

①人工智能已经在包容性发展、改善卫生健康、教育、保护生态系统、农业和耕田、危机管理、安全和司法公正等方面产生影响。比如，在视觉增强领域，人工智能的应用方案可以帮助视力不佳的人去识别人脸，还可以把视觉形象变成听觉音频；可以提前预测健康，并提供相应的服务。

②有了人工智能，未来我们就能决定：学什么、怎样学和什么时候学。利用人工智能的预测方法，通过移动手机，就能给农民提供定制化的

信息，比如：播种时间、相应的指导等，继而提高农业生产率。此外，还能对灾难发生的时间进行预测，能够为灾难发生后提供救援指导。

③人工智能、大数据和云计算的深度融合，突破了人类的决策能力，为我们提供了最佳的交通解决方案。一方面，提高了出行率，减少了城市压力，让出行体验更愉悦；另一方面，实时监控信息，用智能化技术提高了道路的安全性。

（2）问题

目前，人工智能的价值存在的问题主要有：

①卫生健康领域的数字化趋势越来越明显。要想更好地利用人工智能，还要加快医疗改革。现在，人工智能已经内嵌到许多医疗产品和体系之中，通过人工智能驱动的手术，可以优化程序，减少错误。同时，还需要用整体性的方式来组织整个医疗体系，比如：云计算技术能够把患者、医疗机构、支付机构中的所有人更加紧密地联系在一起。只有通过大规模的医疗体系转型，才能够充分获得人工智能带来的好处。

②人工智能不仅可以给人类带来巨大价值，也可能带来很多忧虑，比如：大量的失业。比如，人工智能打破了老师傅的经验壁垒，使得二手车行业可以进入基础设施重建。不过，即使内部有很多岗位，但使用了大数据，需要人数也不多，甚至不需要人。

③人工智能的问题，还涉及了隐私问题。在中国，数据的转让、出售会受到严惩，因此类似 Facebook 信息泄露事件绝不会发生。在网络安全时代，想要用技术克服技术的难题，就要将个人数据的保护和相对获得的方便结合起来。

④对人工智能的严重恐惧和误解。人工智能即将遍地开花，过早过度治理会放缓人工智能的价值创造。

第四节　数据视角下AI的技术布局

1. 数据视角下的人工智能行业价值链

从数据流通的角度出发,可以将行业价值链分为四个环节:供给、流通、分析和需求。人工智能行业价值链存在一个微笑曲线:数据交易市场的完善与分析算法的趋同,会让两个环节的附加价值不断降低;而数据的供给侧与最后的解决方案,则会成为附加价值最高处。因此,占据特别的数据来源,将别人无法结构化的数据进行结构化转化,发现适合人工智能解决的实际需求并提供解决方案,也就成了价值最高的环节。

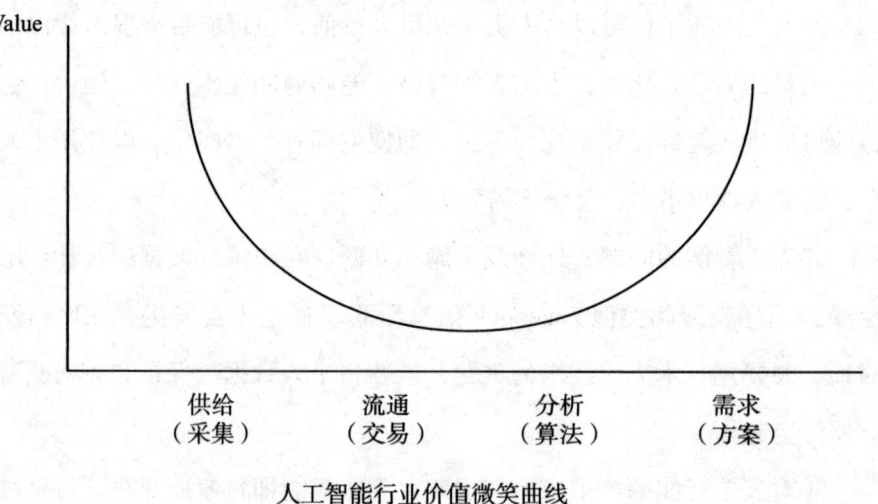

人工智能行业价值微笑曲线

（1）供给环节

供给环节，即采集数据的环节，是人工智能使用的数据进入到流通环节的入口。现阶段数据的供给主要有三种：

①自筹数据。即从零开始，投入大量资源采集数据。需要解决的问题有：采集什么、如何采集、采集以后如何处理；可能需要引入有经验的第三方数据解决方案提供商，比如 Talking Data。

②公共数据。例如，美国、英国、加拿大、新西兰等国家已经建立了自己的线上数据平台，我国许多地方政府也在逐步走向开放，比如香港、上海、北京、武汉、无锡、佛山和南海等城市也已经初步上线数据平台。

③产业数据协同。下游创业公司或行业公司，跟产业链上游的数据或平台型公司合作，将对双方都有利的产品或数据都连接到一起。

简单的结构化数据无法满足人工智能的发展需求，人工智能的应用需要大量能够反映用户信息、行为的非结构化、情景化数据作为支撑，只有对这些数据进行具有针对性的识别，才能转化为后期可利用的数据。而非结构化数据的识别需要投入大量的研发，形成一个较高的技术壁垒。对整个人工智能产业价值链来说，能够产生巨大的价值。

（2）流通环节

数据流通的环节，即数据整合、交易的环节。分析层与应用层的人工智能厂商，不一定会涉及数据采集的自行采集，直接向拥有数据采集经验的基础层厂商购买数据是最高效、易行的方式。

目前，国内的数据交易市场发展并不成熟，许多数据交易都是在企业之间点对点进行的，缺少完善的数据交易市场体系。未来，无论是大数据，还是人工智能，都需要大量的多源化数据作为支撑，数据交易机制的形成成为一种必然。

数据交易市场的存在,可以消除交易摩擦、促进市场连接与匹配,但从产业价值链的角度出发,数据流通环节并不会参与全新的价值创造,因此数据流通环节带来的产业附加值并不会太高。

(3)需求环节

需求环节的主要作用是,将现实中的需求转化为人工智能需要解决的目标问题集,并概念化成一套亟待解决的方案。需求环节,对应着明确的行业解决方案,而这些方案的结果最终也将以潜移默化的形式出现在具体的日常应用中。例如,在Facebook上厌倦了各种晒娃的动态,也不需命令式地告诉它:"不要再出现这些晒娃照了!"Facebook可以通过往期的浏览速度、浏览历史等判断你是否对类似内容感兴趣,并在之后逐渐减少相关信息的推送。

可是,要想实现人工智能的解决方案应用并不容易,问题的发现与解决方案的提出都需要投入大量的人力和物力,这也是人工智能走出实验室、走向生活应用的关键一步。能够产生较高的价值,对人工智能技术提出了很高的要求。

(4)分析环节

人工智能的分析环节,也是人工智能利用数据级逆行建模、迭代算法的环节。

目前,人工智能的算法研究主要集中于学术科研机构与国际领先的互联网厂商,比如,Google、Facebook、微软等,这些机构与实验室为前瞻性的理论算法研究做出了重大贡献。此外,在某些具体的行业领域,还出现了一些具体的算法企业,其算法更具有针对性。

算法的开源推动了全球人工智能产业的发展,对于小企业来说,这将成为它们算法的基础。不过,这也意味着,在算法的分析层面上,各厂商之间的差距并不会太大。

2. 数据视角下的 AI 产业布局

由于 AI 技术的发展离不开硬件设备的支持,因此硬件支持也就构成了人工智能发展的基础。

在人工智能的整个应用过程中,数据贯穿始终。根据数据生命周期,在数据的生命历程的各个环节——收集、链接、准备、认知、分析、预测,不同的企业进行了不同的分工。

按照对数据的利用程度不同,可以将人工智能大致划分为 3 个阶段:基础搜集阶段、数据分析阶段与具体应用阶段。按照人工智能对数据的利用程度,大致可以将其划分为 3 个层次:基础层、分析层与应用层。

(1)基础层

人工智能的基础层,主要从事的工作是:收集数据,并将自然语言、图片、视频等非结构化信息转化为结构化的可用于分析的信息。这些内容看上去相对简单,与人们印象中通用的人工智能相去甚远。但正是这些看似简单的部分,却构成了人工智能的基础。基础层的发展,推动了人类对于非结构化数据的处理,将丰富后期人工智能应用的进行。

(2)分析层

分析层主要利用基础层已经获得的数据,利用算法对其进行分析。在具体的分析过程中,会根据领域的不同和数据的差异化,选择合适的算法,然后不断地优化算法,进行更好的分析洞察。目前,以谷歌为首的人工智能领先企业已经逐渐将算法开源,这拉动了整个算法领域的发展,也推动着人工智能的进步。

谷歌以人工智能技术为依托,同时涉足人机交互、语言理解、机器人等人工智能核心技术领域，全方位布局人工智能产业。2015年以来，谷歌在机器学习领域实现突破，能力不断加强，实现了电脑操作游戏、排序网页以及与专业棋手对弈，先后开源第二代机器学习平台 TensorFlow 以及自然语言理解软件 SyntaxNet 的源代码，引领互联网巨头在人工智能领域开源的趋势。

（3）应用层

应用层主要是将人工智能应用于特定领域，例如：医疗、金融、自动驾驶等。这部分企业往往会提供最终的、可实际操作的人工智能产品。相对于基础层与分析层，应用层的企业涉及的领域层更广，或多或少都会使用到具体的算法分析。

第五节　AI解决的痛点与存在的不足

人工智能经过三起三落后，又一次进入到了公众的视野。2016年和2017年，人工智能被炒得很火，尤其是AlphaGo相继击败了李世石和柯洁。在围棋界，AlphaGo可以说是横行无忌，无人能敌。

从AlphaGo开始，人工智能逐渐走入大众的视野，经过各媒体的竞相报道，人工智能被炒得非常高。如今，人工智能虽然还是很热，但热度已经被区块链夺走。但是，无论是世界上有能力的各国，还是国际上有实力的科技巨头，都在布局人工智能领域，例如，谷歌收购了与人工智能相关的十几家公司，其中就包括设计出AlphaGo的DeepMind公司。

1. 人工智能需解决的痛点

人工智能未来必然是我们发展的方向，那么在人工智能发展的过程中有哪些痛点需要解决呢？

（1）道德价值观判定

人工智能遇到伤害事件发生的时候，应该如何抉择？举个例子：

如今，无人驾驶在如火如荼地发展，人工智能很可能将首先应用到无人驾驶领域。但是，在无人驾驶领域有时候会出现这样的情况：如果无人驾驶的汽车行驶在道路上，正前方忽然冲出一个人，左右两边正好有人，无论车辆如何操作，都无法避免伤害，这时候人工智能该如何抉择？

计算机世界是一个概率世界,如果正前方是老人,左右是小孩,就要分析小孩比老人更有价值,完成所有的最优解。但是,这明显是违背道德常识的。

(2)莫拉维克悖论

人工智能,简单理解就是像人类一样的智能。如此,人工智能所遵循的逻辑或者方法应该是类人类,但现实中,人工智能与人类智能完全不同。

莫拉维克悖论,是由人工智能和机器人学者发现的一个跟常识相左的现象。不同于传统假设,计算机要想完成人类所独有的高阶智慧能力,只需要极少的计算能力,例如:推理。但是,要想完成无意识的技能和直觉,却需要极大的运算能力。

(3)算力的限制

目前,要想搭建人工智能算力平台,需要大量的CPU和GPU。谷歌公司的AlphaGo使用的TPU,是类似于GPU的一种算法芯片,有着极高的能耗功效。训练AlphaGo需要的算力,相当于市面上常见的消费级1080Ti,大约12000块,至少千万级别的开支。

对于谷歌、Facebook、腾讯等巨头公司,这样的开销也许不算什么;但是,对于一些规模较小的公司,这将是非常大的一个问题。因此,人工智能想要步入成熟期,必须解决算力成本问题。

(4)缺少必要的数据

AI模型不仅仅需要人工对信息进行标记,也需要巨量数据,才能达到人类正确识别的程度。以AlphaGo为例,击败李世石的那个版本的AlphaGo,进行了3000万次图谱学习;击败柯洁的那个版本,进行了400多万次自我对弈。除了对数据量的需求极大外,对数据的维度也要尽可能全面。总之,将最好的都给我,越全面越好。但是实际情况却是,现实中无法获得结构性的全面的数据,同时也很难获得比较准确的数据。

(5)可信任性

在处理可评测结果的应用中,AI 模型可能表现得非常出色,比如:在图像识别领域,可以用一个确定的概率来评价 AI 模型的正确识别度。但是,如果在未来的应用场景,需要 AI 模型提供一定的商业决策或给出一些建议,我们并没有很好的参照体系来评价 AI 模型的决策和建议是否准确、是不是最优解,如此就会影响决策的方向和准确,为商业人士带来很多不必要的困扰。

(6)模型可移植性差

AI 模型的可用性是随着训练的数据量增大而逐渐增高的,但是需要的数据量非常大,即使是重复度很高的模型,也无法从上一个模型中获得经验,只能从头开始训练。如此,就会带来一些问题,比如:增加数据获取成本、时间成本、能耗成本等,这将给发展中的企业带来极大的困扰。模型的可移植性差,必然会影响到技术的发展传播速度,增加传播成本。

(7)隐私安全问题

在很多行业,隐私安全问题都是非常重要的话题,人工智能行业的隐私安全也就成了制约它的痛点。要想利用人工智能来提高人们的生活效率和品质,就需要尽可能多地获取个人信息,可能需要将个人信息上传到云端。另外,目前,还没有办法依靠本地的算力支撑人工智能。隐私与便利是一对矛盾,但如果人工智能想获得更好的发展,必须二者兼顾。

(8)相关人才稀缺

人工智能在人才方面极度稀缺,数据显示,全球在人工领域的人才不足 25 万人,其中在美国的人才最多,其他主要分布在欧洲、印度、中国、加拿大等，有10年以上工作经验的不足30%。在这些国家，企业要想在人工智能领域做出成绩，首先就要争夺人才，比如：中兴被美国制裁，引起对"国芯"的发问，首先出现的问题就是人才稀缺。

（9）黑匣子问题

在人工智能设计发展之初，赋予其相应的发展方向是：根据人为制定的规则和人为制造的逻辑执行相应的任务。但是，这样做，无法让人工智能得到令人满意的实际应用。AI模型的自动生成，存在不可解释的问题。只要AI模型得出或做出出乎意料的事情，我们根本就没有能力来解释背后的原因。

（10）需要大量的数据标记

目前，现有的AI模型都需要大量的数据标记，因为多数模型是监督学习模型。大量的数据标记，不仅会要求更多的人力资源，同时人的参与也会为数据带来一定的误差。目前，要想很好地解决这一问题，就要利用强化学习的方式，进行无监督学习。

2. 人工智能的不足

人工智能虽然能够助力企业发展，但也不是万能药。事实上，与其他任何技术一样，也存在自身技术的局限性。

（1）AI可能不适合低功耗设备

多数物联网设备都是低功耗小数据量的，一旦恶意攻击者将恶意软件植入到这一层次，人工智能的作用就无法发挥了。原因在于，人工智能作用的发挥，需要大量内存、计算能力及大数据，必须将数据发送到云端进行处理；而物联网设备通常不具备这几个条件。

比如，发生车祸时，车载AI会自动拨打报警电话并报告车辆所处位置,但我们却无法改变车祸已经发生的事实;同样,车辆自动报警可能比路人报警节省时间,但无法预防撞车。也就是说,人工智能只能有助于在设备完全失控之前检测出出现问题的地方。

(2) AI无法分析自己不知道的东西

世界是缤纷多彩的,是不受控的,AI虽然能在严格控制的网络上运行良好,却无法感知"网络"以外的未知。人工智能有四大痛点:影子IT、BYOD项目、SaaS系统和雇员,不论给AI注入多少大数据,都得同时解决这四大痛点,而这却是几乎不可能完成的。

尤其是在一家企业中,很多员工都会通过不安全的Wi-Fi网络在电脑上打开企业办公邮件,最直接的结果就是导致敏感数据的流失,而人工智能却无法知道是否发生了这件事,最终结果就是,公司内部应用可以受到AI保护,防止用户误操作,却无法感知员工使用的终端设备。此外,只提供智能手机APP,却不提供企业访问控制、实时日志的云系统,又如何引入AI?如此,企业是无法成功利用机器学习的。

第六节　人工智能对传统行业的颠覆和变革

1. 人工智能将颠覆传统行业

如今，跟我们的生活息息相关的一些物品都变得人工智能化了，比如：扫地机、手机、垃圾桶等。除了生活用品之外，人工智能的触角还会延伸进各个行业。那么，人工智能化的成熟与普遍会对我们的工作造成什么影响？

（1）成为汽车驾驶员

2015年，谷歌已经推出无人驾驶汽车技术，并大规模上路测试。如今，自动驾驶卡车的技术已经存在，且已经能够用合理的价格进行车队的改装了。

装备有这种技术的卡车可以"看到"所有方向，而不局限于前方的视野。这些车辆可以在完全黑暗或灯火管制的情况下行驶，会即时分享路况、附近的危险以及自己的意图。自动驾驶卡车车队可以在相互间距只有十几厘米的情况下安全行驶，这样就能减少道路堵塞，节省15%以上的燃油。

货物到达时间会更早，因为它们可以不停歇地运行，中间不需要停车。它们不会疲惫，不会酗酒，不会生病，不会分神，不会感到无聊；不会打盹、不会打电话，更不会为了更好的报酬和工作条件而罢工。

这项技术还能避免发生卡车事故，为更多的家庭带来保障。比如：2010年，欧盟开始为"农用聪明机器人"项目提供资金，一家在加州奥克斯纳德开办的西班牙公司，制造的商业机器人可以采摘草莓；在采摘过程中，机器人还能识别足够成熟的水果。

（2）代替人员和技能

随着人工智能领域的发展，最先动摇的应该是传统行业的运作模式。这类行业工厂的加工步骤，经历从人工到机器的转化后，接着就要用机器人代替大部分工人，而最先被解雇的就是没有技能的工人。但是，脑力劳动者也不要太过庆幸，因为人工智能的发展最后也会深入到脑力工作者的领域。所以，除了工厂，销售行业的人员也会被智能化机器人逐渐取代。这样的组织进化和流程改进，不仅会淘汰工作岗位，也会淘汰技能。比如，银行安装了ATM机之后，就可能裁掉出纳。

（3）挑战传统教师

如今，很多教程都能在线上完成，学员足不出户就能学习到想要的知识，还能让学员随时查漏补缺，查看任何一章课程，学习进程不被时间限制。比如，如果学生学完相关教程后还有不理解的问题，就可以线下咨询老师，这时候教师可能就不需要备课和讲课了，他们的工作也会被缩减成"学习教练"。教师职业技能的减少，会改变这个职业。

（4）成为仓库管理员

仓库里流水线上的工作，更适合机器人来操作，不仅可以挑选订单和包装货物，还可以从事装货和卸货的工作。目前这些工作主要由人工完成，但一家创业公司正在改变这一切，他们的机器人可以检查卡车内部，选择某个物品，然后捡起来。

人工智能化的盛行，确实能为生活带来很多便利，但是也会对我们的工作造成一定的影响。我们需要做的是，不断提高自己的工作能力，努力成为一个"被需要"的人。

2. 人工智能时代，传统行业的变革

人工智能技术本身是没有价值的，其价值主要来源于与其他产业结合创造出来的价值，例如，2018年5月，英国王室哈里王子和梅根举办了盛大的婚礼，英国媒体天空新闻（Sky News）抓住了机会，推出了首个AI报道项目《这是谁》。其与机器学习平台GrayMeta合作，运用面部识别技术对出席王室婚礼的每位宾客做了介绍，观众还没提出自己的疑问，AI就把答案公之于众了。在这个过程中，机器充当了苦力，时间却还给了记者。AI在内容提取、转录和字幕自动化等领域独具优势，有了AI的帮助，记者就能将自己的时间用于故事的挖掘了。

人工智能带来变革的过程是：传统行业中具有变革精神的人，意识到人工智能技术可能带来的巨大效益，并经过尝试，发现确实带来了不错的效果，并在本行业中率先应用，之后推而广之，整个行业将运用人工智能技术作为一种潮流。然后，随着人工智能技术知名度的提升，其他行业的变革者开始关心并尝试人工智能技术，并带来示范效应。

这个过程已经发生在目前的一些行业里，例如，人工智能进入了金融行业，用来进行数据分析；进入了教育行业，进行教学辅助；进入了网络安全领域，进行漏洞检测；进入了无人驾驶行业等，多数都取得了良好的结果。这也是大部分投资者看好人工智能产业的原因。

人工智能不仅提高了社会的效率，代替人们做了许多事情，也缓解了我国的老龄化趋势，同时还创造了许多就业机会。如果想在未来社会中抓住一个铁饭碗，就要深入了解人工智能。

第二章
人工智能技术的细分领域

　　人工智能的运用领域有很多,并不局限于某一个领域,比如:计算机视觉、语音识别、自然语言处理、智能机器人和引擎推荐等。各细分领域只要顺应时代潮流,将人工智能为我所用,满足不同的用户需求,定然能取得更大的成绩。

第一节 计算机视觉：给计算机装上眼睛和大脑，让计算机感知环境

2011年，IBM研发出了首款能模拟人类大脑的SyNAPSE芯片，当时仅为一个单核心的原型。

2014年，IBM对其进行重大升级，芯片核心共有100万个"神经元"内核、2.56亿个"突触"内核，以及4096个"神经突触"内核。

2015年8月，IBM推出首个基于SyNAPSE打造的芯片TrueNorth，48枚TrueNorth芯片组建成的具有4800万个神经元的网络，智力水平已经比肩普通啮齿类动物。同时，IBM开发了超级计算机Watson，广泛应用于医疗、金融等多个领域。

只要给计算机装上眼睛，它就能感知世界。

1. 何为计算机视觉

计算机视觉是使用计算机及相关设备对生物视觉的一种模拟，其主要任务是，通过对采集的图片或视频进行处理，得到相应场景的三维信息，就像人类和许多其他生物每天所做的那样。

计算机视觉是一门关于如何运用照相机和计算机来获取我们所需的，被拍摄对象的数据与信息的学问。形象地说，就是给计算机安装上眼睛（照相机）和大脑（算法），让计算机能够感知环境。

计算机视觉既是工程领域，也是科学领域中的一个富有挑战性的重要研究领域。这门综合性学科已经吸引了来自各个学科的研究者，其中包括：计算机科学和工程、信号处理、物理学、应用数学和统计学、神经生理学和认知科学等。

视觉是各个应用领域，如制造业、检验、文档分析、医疗诊断和军事等领域中各种智能自主系统中不可分割的一部分，非常重要，一些发达国家例如美国，早已将对计算机视觉的研究列为对经济和科学有广泛影响的科学和工程中的重大基本问题，即所谓的重大挑战。

计算机视觉的挑战是要为计算机和机器人开发具有与人类水平相当的视觉能力。机器视觉需要图像信号，纹理和颜色建模，几何处理和推理，以及物体建模。一个有能力的视觉系统，能够把所有这些处理都紧密地集成在一起。

作为一门学科，计算机视觉开始于20世纪60年代初，但在计算机视觉的基本研究中的许多重要进展是在80年代取得的。计算机视觉与人类视觉密切相关，对人类视觉有一个正确的认识，将对计算机视觉的研究非常有益。

计算机视觉的最终研究目标就是，使计算机能像人类一样通过视觉观察和理解世界，具有自主适应环境的能力。这是要经过长期的努力才能达到的目标。因此，在实现最终目标以前，努力的中期目标是建立一种视觉系统，依据视觉敏感和反馈的某种程度的智能完成一定的任务。例如，计算机视觉的一个重要应用领域就是自主车辆的视觉导航，但是目前还无法像人类一样识别和理解任何环境，完成自主导航的系统。因此，研究目标就是，实现在高速公路上具有道路跟踪能力，避免与前方车辆碰撞的视觉辅助驾驶系统。

2. 计算机视觉的应用

人类正在进入信息时代，计算机将越来越广泛地进入几乎所有领域。一方面，更多未经计算机专业训练的人也需要应用计算机；另一方面，计算机的功能越来越强，使用方法越来越复杂。如此，在进行交谈和通信时的灵活性与在使用计算机时所要求的严格和死板之间，就产生了尖锐的矛盾。

人类可以通过视觉和听觉、语言与外界交换信息，可以用不同的方式表示相同的含义，而计算机却要求严格按照各种程序语言来编写程序，保证计算机的运行。为了让更多的人使用复杂的计算机，就要改变过去的那种让人来适应计算机、死记硬背计算机的使用规则的情况，取而代之的是，让计算机来适应人类的习惯和要求，以人类习惯的方式与人进行信息交换，让计算机具有视觉、听觉和说话等能力。这时，就需要计算机具有逻辑推理和决策的能力。具有上述能力的计算机就是智能计算机。

智能计算机不仅会让计算机更便于人们使用，同时使用这种计算机来控制各种自动化装置特别是智能机器人，也可以使这些自动化系统和智能机器人具有适应环境和自主作出决策的能力，在各种场合取代人的繁重工作，或代替人到各种危险和恶劣环境中完成任务。

在许多计算机视觉应用中，为了解决特定的任务，计算机被预编程。但基于学习的方法，现在正变得越来越普遍。计算机视觉应用的实例及应用系统：

（1）控制过程。比如，一个工业机器人。

（2）导航。比如，通过自主汽车或移动机器人。

（3）检测的事件。比如，对视频监控和人数统计。

（4）组织信息。例如，对于图像和图像序列的索引数据库。

（5）造型对象或环境。例如，医学图像分析系统或地形模型。

（6）相互作用。例如，输入到一个装置，用于计算机与人的交互。

（7）自动检测。例如，在制造业中的应用程序。

当然，最突出的应用领域是医疗计算机视觉和医学图像处理。该区域的特征是，信息从图像数据中提取，用于诊断患者。通常，图像数据是在显示显微镜图像、X射线图像、血管造影图像、超声图像和断层图像。

第二个应用程序区域中的计算机视觉是在工业，有时也被称为机器视觉。一个例子是质量控制，其中的信息或最终产品被自动检测。机器视觉还被大量用于农业。

军事上的应用很可能是计算机视觉应用最大的地区之一。最明显的例子是，探测敌方士兵或车辆和导弹制导。更先进的系统为导弹制导发送导弹的区域，而不是一个特定目标。

其他应用领域包括：①支持视觉特效制作的电影和广播，例如，摄像头跟踪（运动匹配）。②监视。

第二节 语音识别：让机器通过识别，把语音信号变为相应的文本

人工智能技术可以应用于语音识别领域，比如：iPhone 的 Siri 和 Windows 语音助手 Cortana 都使用了机器学习的技术。当用户使用语音识别软件时，机器要在已经构建的状态网络中寻找与客户声音最匹配的路径。通过状态网络的构建，机器就能从用户的话语中确定用户提出的具体要求，甚至可以帮助程序自动填充用户需求。机器对客户的声音样本收集得越多，对客户就越人性化。

1. 何为语音识别

语音识别是以语音为研究对象，通过语音信号处理和模式识别让机器自动识别和理解人类口述的语言，简而言之就是，让机器通过识别和理解过程把语音信号转变为相应的文本或命令。

语音识别是一门涉及面很广的交叉学科，与声学、语音学、语言学、信息理论、模式识别理论以及神经生物学等学科都有着密切关系，正逐步成为计算机信息处理技术中的关键技术。

从本质上来说，语音识别系统是一种模式识别系统，包括：特征提取、模式匹配、参考模式库等三个基本单元。

具体理解就是：未知语音经过话筒变换成电信号；之后，再在识别系统的输入端，先经过预处理，再根据人的语音特点建立语音模型，对输入的语音信号进行分析，并抽取所需的特征，在此基础上建立语音识别所需的模板。

在识别过程中，计算机要根据语音识别的模型，将计算机中存放的语音模板与输入的语音信号特征进行比较，根据一定的搜索和匹配策略，找出一系列最优的与输入语音匹配的模板。然后，根据此模板的定义，通过查找表，给出计算机的识别结果。

2. 语音识别系统

一个连续语音识别系统基本上可以分为四个部分：声学模型训练，语言解码和搜索算法，特征提取，以及预处理模块。

（1）声学模型训练

根据训练语音库的特征参数训练出声学模型参数，识别时，可以将待识别的语音特征参数同声学模型进行匹配，得到识别结果。

目前，主流语音识别系统多采用隐马尔可夫模型 HMM 进行声学模型建模。声学模型的建模单元，可以是音素、音节、词等各个层次。对于小词汇量的语音识别系统，可以直接采用音节进行建模；对于词汇量偏大的识别系统，一般选取音素，即声母、韵母进行建模。识别规模越大，识别单元选取的越小。

从本质上来说，人的言语过程就是一个双重随机过程，语音信号本身是一个可观测的时变序列，是由大脑根据语法知识和言语需要发出的音素的参数流。HMM 合理地模仿了这一过程，是比较理想的一种语音模型。

（2）语音解码和搜索算法

所谓解码器就是，语音技术中的识别过程。针对输入的语音信号，根据已经训练好的 HMM 声学模型、语言模型及字典建立一个识别网络，根据搜索算法在该网络中寻找最佳的一条路径，这个路径能够以最大概率输出该语音信号的词串确定这个语音样本所包含的文字。

连续语音识别中的搜索，就是寻找一个词模型序列以描述输入语音信号，得到词解码序列。搜索依据的是对公式中的声学模型打分和语言模型打分。在实际使用中，往往要依据经验给语言模型加上一个高权重，并设置一个长词惩罚分数。

（3）特征提取

该模块的主要功能是：除去语音信号中对于语音识别无用的冗余信息，保留能够反映语音本质特征的信息，并用一定的形式表示出来。也就是，提取反映语音信号特征的关键特征参数，形成特征矢量序列，便于后续处理。目前，常用的提取特征的方法还比较多。不过，这些提取方法都是由频谱衍生出来的。

（4）预处理模块

该模块的主要功能是：对输入的原始语音信号进行处理，滤掉不重要的信息和背景噪声，并进行语音信号的端点检测、语音分帧和预加重等处理。

3. 语音识别的应用

语音识别可以应用的领域大致分为：

（1）电信。相当广泛的一类应用在拨号电话系统上都是可行的，包括：话务员协助服务的自动化、国际国内远程电子商务、语音呼叫分配、语音拨号、分类订货。

（2）制造业。在质量控制中，语音识别系统可以为制造过程提供一种"不用手""不用眼"的检控（部件检查）。

（3）办公室或商务系统。典型的应用包括：填写数据表格、数据库管理和控制、键盘功能增强等。

（4）医疗。这方面的主要应用是借助声音来生成和编辑专业的医疗报告。

（5）其他。主要包括：由语音控制和操作的游戏和玩具、帮助残疾人的语音识别系统、车辆行驶中一些非关键功能的语音控制，如车载交通路况控制系统、音响系统。

随着手持设备的小型化，甚至穿戴化，各种智能眼镜、手表等定然会层出不穷。虽然，找准市场突破口最重要，但也离不开好的解决方案和系统设计参考。

第三节　自然语言处理：用自然语言与计算机进行通信

自然语言处理是计算机科学领域与人工智能领域中的一个重要方向，主要研究的是，实现人与计算机之间用自然语言进行有效通信的各种理论和方法。

自然语言处理是计算机科学、人工智能、语言学关注计算机和人类（自然）语言之间的相互作用的领域，其处理与人机交互的领域有关，在自然语言处理中面临很多挑战。

1. 什么是自然语言处理

自然语言处理（Natural Language Processing，NLP），就是用计算机来处理、理解和运用人类语言，比如：中文、英文等，是人工智能的一个分支，是计算机科学与语言学的交叉学科，又常被称为计算语言学。

自然语言是人类区别于其他动物的根本标志，没有语言，人类的思维也就无从谈起，所以自然语言处理体现了人工智能的最高任务与境界，也就是说，只有计算机具备了处理自然语言的能力，机器才算实现了真正的智能。

从研究内容来看，自然语言处理包括：语法分析、语义分析、篇章理解等；从应用角度来看，自然语言处理有着广泛的应用前景。尤其是在信息时代，自然语言处理的应用更是包罗万象，例如：机器翻译、手写体和印刷体字符识别、语音识别及文语转换、信息检索、信息抽取与过滤等，涉及与语言处理相关的数据挖掘、机器学习、知识获取、知识工程、人工智能研究和与语言计算相关的语言学研究等。

值得一提的是，自然语言处理的兴起与机器翻译等具体任务有着密切联系。所谓机器翻译就是，用计算机自动地将一种自然语言翻译成另外一种自然语言，例如，自动将英文"I like Beijing Tiananmen Square"翻译为"我爱北京天安门"。人工进行翻译需要训练有素的双语专家，翻译工作非常耗时耗力；翻译专业领域文献时，甚至还需要了解该领域的基本知识。

世界上的语言共有数千种，仅联合国的工作语言就有六种。通过机器翻译准确地进行语言间的翻译，能够大大提高人类沟通和了解的效率。

2. 自然语言的出现与发展

自然语言处理兴起于美国。第二次世界大战后，20世纪50年代，电子计算机还处于襁褓之中，就已经出现了利用计算机处理人类语言的想法。为了窥探苏联科技的最新发展，美国希望能够利用计算机将大量俄语材料自动翻译成英语，研究者从破译军事密码中得到启示，认为不同的语言只不过是对"同一语义"的不同编码，想当然地认为可以采用译码技术像破译密码一样"破译"语言。

1954年1月7日，美国乔治敦大学和IBM公司合作实验，成功地将60多句俄语自动翻译成英语。虽然当时的机器翻译系统非常简单，仅包括6个语法规则和250个词，但随着媒体的广泛报道，也变成了一种巨大进步，美国政府备受鼓舞，加大了对自然语言处理研究的投资。实验完成者也自信地撰文称，在3～5年内就能完全解决从一种语言到另一种语言的自动翻译问题，只要制定各种翻译规则，就能完美地实现语言间的自动翻译。

可是现实是，理解人类语言远比破译密码要复杂得多，研究进展非常缓慢。1966年的一份研究报告总结发现，经过10多年的研究，结果还没有达到预期，支持资金急剧下降，使自然语言处理的研究陷入长达20年的低潮。

20世纪80年代，随着电子计算机的计算能力的飞速提高和制造成本的大幅下降，研究者又开始重新关注自然语言处理领域。研究者认为，简单的语言规则堆砌无法实现对人类语言的真正理解，只有通过对大量文本数据的自动学习和统计，才能更好地解决自然语言处理问题，比如：语言的自动翻译。

3. 自然语言的发展趋势

目前，人们主要通过两种思路来进行自然语言处理：一种是基于规则的理性主义，一种是基于统计的经验主义。

理性主义方法认为，人类语言主要由语言规则进行产生和描述，只要能用适当的形式将人类语言规则表示出来，就能理解人类语言，并实现语言之间的翻译等各种自然语言处理任务。

经验主义方法则认为，从语言数据中获取语言统计知识，有效建立语言的统计模型，只要有足够多的用于统计的语言数据，就能理解人类语言。

可是，面对现实世界充满模糊与不确定性，这两种方法都有着无法解决的问题。例如，人类语言虽然有一定的规则，但在真实使用中，伴随大量的噪声和不规范性。理性主义方法的一大弱点是，只要与规则稍有偏离，便无法处理；经验主义方法，既不能无限地获取语言数据进行统计学习，也不能完美地理解人类语言。

20世纪80年代以来，基于语言规则的理性主义方法不断受到质疑，大规模语言数据处理成为目前和未来一段时期内自然语言处理的主要研究目标。统计学习方法越来越受到重视，自然语言处理中越来越多地使用机器自动学习的方法来获取语言知识。

21世纪，我们已经进入了以互联网为主要标志的海量信息时代，这些海量信息大部分以自然语言表示。一方面，海量信息为计算机学习人类语言提供了更多的"素材"；另一方面，海量信息为自然语言处理提供了更加宽广的应用舞台。

例如，作为自然语言处理的重要应用，搜索引擎逐渐成为人们获取信息的重要工具，涌现出以百度、谷歌等为代表的搜索引擎巨头；机器翻译从实验室走入寻常百姓家，谷歌、百度等公司都提供了基于海量网络数据的机器翻译和辅助翻译工具；基于自然语言处理的中文，成为计算机用户的必备工具；带有语音识别的计算机和手机正大行其道，可以协助用户更有效地工作学习。

随着互联网的普及和海量信息的涌现，自然语言处理正在人们的日常生活中扮演着越来越重要的角色。可是，如何有效利用海量信息成为制约信息技术发展的一个全局性瓶颈问题，自然语言处理也就成了信息科学技术中长期发展的一个新的战略制高点。

同时，单纯依靠统计方法已经无法快速有效地从海量数据中学习语言知识，只有同时发挥基于规则的理性主义方法和基于统计的经验主义方法的各自优势，互相补充，才能更好、更快地处理自然语言。

自然语言处理的发展历程并不是一帆风顺的,有过低谷,也有高潮,现在我们正面临着新的挑战和机遇。例如,网络搜索引擎还停留在关键词匹配,缺乏深层次的自然语言处理和理解;语音识别、文字识别、问答系统、机器翻译等也只能达到基本水平。

第四节　智能机器人：让机器像人一样思考

智能机器人在我们的生活中发挥着越来越重要的作用，而智能机器人也将被运用到各种行业。

2018年5月，一款名为"小路"的智能机器人出现在北京延庆永宁公路服务站。它是首个亮相在北京公路服务站的智能机器人，能为过往游人提供多种智能服务，如：位置查询、天气预报、手机充电、百科问答、休闲娱乐等。"小路"主要承担了永宁公路服务站指路的功能，有声控和手动两种控制模式，能准确地指出卫生间、附近的加油站、百里山水画廊景区等位置。

人工智能机器人已经被证明是可靠的工具，能够像人类一样思考问题。

2013年以来，百度耗资近70亿元建设了四大研发中心和三大实验室，布局以机器学习为核心的人工智能产业。

2016年4月，百度启动的"凡尔纳"计划，再次力推百度大脑，在国内异军突起。

百度大脑是百度人工智能领域布局的重要一环，目前已经具有了全球最大的神经网络，拥有200亿个神经参数，可以更好地支持各种机器的训练工作，"智能化"的未来图景越来越清晰。

如今，数百家公司已经在使用人工智能支持的强大的虚拟助理功能。

随着面向业务的消息应用程序的发展,已经为智能机器人搭建了舞台,改变了我们做生意的方式。这些智能机器人,可以通过回答问题帮助公司员工,并提供解决方案,通常是面向内部的聊天机器人。

1. 何为智能机器人

智能机器人之所以叫智能机器人,这是因为它有着发达的"大脑",在脑中起作用的是中央处理器。这种计算机跟操作它的人有直接联系,最主要的是,这样的计算机可以进行目标明确的动作。因此,这种机器人是真正的机器人,虽然它们的外表可能有所不同。

目前世界上最敏捷的机器人,可以快速奔跑并且保持平衡,可以跳跃和后空翻。其身高150厘米,重量仅有75公斤,由美国波士顿动力公司于2016年设计创造,受电力驱动和液压驱动,可以进行高强度大重量的工作。

智能机器人能够理解人类语言,用人类语言同操作者对话,在它自身的"意识"中单独形成一种使它得以"生存"的外界环境;它能对出现的情况进行分析;能够调整自己的动作,达到操作者所提出的全部要求;能够拟定所希望的动作,并在信息不充分的情况下和环境迅速变化的条件下完成这些动作。

2. 智能机器人的分类

到目前为止,在世界范围内还没有一个统一的智能机器人定义。多数专家认为,智能机器人至少要具备以下3个要素:一是感觉要素,用来认识周围环境状态;二是运动要素,对外界做出反应性动作;三是思考要素,根据感觉要素所得到的信息,思考采用什么样的动作。

感觉要素包括能感知视觉、接近、距离等的非接触型传感器和能感知力、压觉、触觉等的接触型传感器。这些要素相当于人类的眼、鼻、耳等五官，其功能可以利用摄像机、图像传感器、超声波传感器、激光器、导电橡胶、压电元件、气动元件、行程开关等机电元器件来实现。对运动要素来说，为了适应诸如平地、台阶、墙壁、楼梯、坡道等不同的地理环境，智能机器人需要有一个无轨道型的移动机构，它们的功能可以借助轮子、履带、支脚、吸盘、气垫等移动机构来完成。

在运动过程中要对移动机构进行实时控制，这种控制不仅包括位置控制，还包括：力度控制、位置与力度混合控制、伸缩率控制等。智能机器人的思考要素是3个要素中的关键，也是人们要赋予机器人必备的。思考要素包括：判断、逻辑分析、理解等。这些智力活动是一个信息处理过程，而计算机则是完成该处理过程的主要手段。

根据智能程度的不同，智能机器人可以分为三种：

（1）传感型

传感型又称外部受控机器人。机器人的本体上没有智能单元，只有执行机构和感应机构，具有利用传感信息（包括视觉、听觉、触觉、接近觉、力觉和红外、超声及激光等）进行传感信息处理、实现控制与操作的能力。

受控于外部计算机，在外部计算机上具有智能处理单元，处理由受控机器人采集的各种信息以及机器人本身的各种姿态和轨迹等信息，然后发出控制指令指挥机器人的动作。目前，机器人世界杯的小型组比赛中使用的机器人就属于这样的类型。

（2）自主型

在设计制作之后，机器人无须人的干预，就能在各种环境下自动完成各项拟人任务。自主型机器人具有感知、处理、决策、执行等模块，可以像一个自主的人一样独立地活动和处理问题。

全自主移动机器人最重要的特点,是它的自主性和适应性。自主性是指,它可以在一定的环境中,不依赖任何外部控制,完全自主地执行任务;适应性是指,可以适应任何环境和情景。

(3)交互型

机器人通过计算机系统与操作员或程序员进行人机对话,实现对机器人的控制与操作。虽然具有部分处理和决策功能,能够独立实现一些诸如轨迹规划、简单的避障等功能,但还要受到外部的控制。

3. 智能程度分类

按照智能程度,可以将智能机器人分为以下几种:

(1)家庭智能陪护

陪护机器人主要应用于养老院或社区服务站环境,具有生理信号检测、语音交互、远程医疗、智能聊天、自主避障漫游等功能。在养老院环境,机器人实现了自主导航避障功能,能够通过语音和触屏进行交互;配合相关检测设备,机器人具有血压、心跳、血氧等生理信号检测与监控功能,可以无线连接社区网络并传输到社区医疗中心,遇到紧急情况,还能及时报警或通知亲人。机器人具有智能聊天功能,可以辅助老人心理康复;陪护机器人为人口老龄化带来的重大社会问题提供了解决方案。

(2)高级智能

高级智能机器人和初级智能机器人一样,具有感觉、识别、推理和判断能力;同样,可以根据外界条件的变化,在一定范围内自行修改程序。不同的是,修改程序的原则不是由人规定的,而是机器人自己通过学习、总结经验,得到的修改程序的原则。这种机器人已经拥有一定的自动规划能力,能够自行安排工作;不需要人类的照料,能够独立工作,故称为高级自律机器人。

(3)初级智能

初级智能不同于工业机器人,具有像人一样的感受、识别、推理和判断能力,可以根据外界条件的变化,在一定范围内自行修改程序,能适应外界条件变化并做出相应调整。不过,修改程序的原则一般由人类预先给以规定。这种初级智能机器人已经拥有一定的智能,虽然还没有自动规划能力,但也开始走向成熟,达到了实用水平。

(4)工业机器人

工业机器人只能死板地按照人类的要求完成工作,不管外界条件如何变化,自己都不能对程序也就是对所做的工作进行调整。如果想改变机器人所做的工作,必须由人对程序做相应的改变,因此它是毫无智能的。

第五节　引擎推荐：挖掘用户的喜好和需求，向用户推荐信息

1. 何为引擎推荐

推荐引擎，是主动发现用户目前或潜在需求并主动推送信息给用户的信息网络。具体来说，就是综合利用用户的行为、属性，对象的属性、内容、分类，以及用户之间的社交关系等，挖掘用户的喜好和需求，主动向用户推荐其感兴趣或需要的对象。

特点主要表现为：推荐引擎，不是被动查找，而是主动推送；不是独立媒体，而是媒体网络；不是检索机制，而是主动学习。其利用基于内容、基于用户行为、基于社交关系网络等方法，为用户推荐其喜欢的商品或内容。

（1）基于内容的推荐是分析用户正在浏览的内容的"基因"，选择与目前内容有相似"基因"的对象推荐给用户。同时，对用户过去浏览过的内容"基因"进行分析，获取其偏好，然后将用户偏好的对象推荐给用户。

（2）基于用户行为的推荐，利用群体智慧算法，分析用户的群体行为，综合分析用户与用户之间的相似度、用户对小众商品的个性化需求，同时提高推荐的精准性、多样性与新颖性。

(3)基于社交关系网络的推荐。对用户所在的社交关系网络进行分析，找到最能影响到的用户、最能影响到该用户的用户，再综合各用户的个性化偏好进行推荐。

2. 引擎推荐的分类

（1）根据是否为不同的用户推荐不同的数据

根据是否为不同的用户推荐不同的数据，可以将推荐引擎分为个性化推荐引擎和基于大众行为的推荐引擎。

①个性化推荐引擎。对不同的用户，要根据他们的口味和喜好给出更加精确的推荐，这时系统需要了解需推荐内容和用户的特质；或基于社会化网络，找到与目前用户相同喜好的用户，实现推荐。

②基于大众行为的推荐引擎。对每个用户都给出同样的推荐。这些推荐可以是静态的，由系统管理员人工设定的；也可以是基于系统用户的反馈，统计计算出的当下比较流行的物品。

（2）根据推荐引擎的数据源

根据不同的数据源，数据相关性的方法可以分为以下几种：

①根据用户对物品或者信息的偏好，发现物品或者内容本身的相关性，或发现用户的相关性，叫作基于协同过滤的推荐。

②根据推荐物品或内容的元数据，发现物品或者内容的相关性，叫作基于内容的推荐。

③根据系统用户的基本信息发现用户的相关程度，叫作基于人口统计学的推荐。

（3）根据推荐模型的建立方式

在海量物品和用户的系统中，推荐引擎的计算量相当大，要想实现实时的推荐，就要建立一个推荐模型。关于推荐模型的建立方式，可以分为以下几种：

①基于物品和用户本身的推荐。这种推荐引擎将每个用户和每个物品都当作独立的实体，可以对用户对物品的喜好程度进行预测。用户感兴趣的物品远小于总物品的数目，就会出现大量的数据空置，得到的二维矩阵往往是一个很大的稀疏矩阵。同时，为了减小计算量，可以对物品和用户进行聚类，记录和计算一类用户对一类物品的喜好程度。

②基于关联规则的推荐。关联规则的挖掘是数据挖掘中的一个经典的问题，主要任务是：挖掘数据的依赖关系，典型的场景就是"购物篮问题"。通过关联规则的挖掘，找到哪些物品经常被同时购买，或用户购买了一些物品后通常会购买哪些其他物品。挖掘出这些关联规则后，就可以基于这些规则给用户进行推荐。

③基于模型的推荐。这是一个典型的机器学习的问题。将已有用户的喜好信息作为训练样本，训练出一个预测用户喜好的模型，用户进入系统，就能基于此模型计算推荐。问题在于，如何将用户实时或近期的喜好信息反馈给训练好的模型，提高推荐的准确度。

3. 推荐引擎的分类

（1）基于人口统计学的推荐

根据用户的基本信息，发现用户的相关程度，就可以将相似用户喜爱的其他物品推荐给目前用户。

①具体过程是：A 用户喜欢 A 物品，A 用户和 C 用户都是女性，且年龄相似，认为 C 用户也喜欢 A 物品，将 A 物品推荐给 C 用户。

②优点：不需要目前用户对物品喜欢的历史数据，对新用户没有"冷

启动"问题；不依赖物品本身。

③缺点：需要收集到用户信息，包括一些敏感数据、年龄等；对用户分类方法粗糙，无法用于高品位领域（电影、音乐等）；用户的生活习惯会改变，例如：结婚前后购物表现不同。

（2）基于内容的推荐

根据物品的元数据发现物品的相关程度，把与用户喜欢的物品相似的物品推荐给目前用户。

①具体过程描述是：A 用户喜欢电影 A，电影 A 和电影 C 类型相似，认为他也会喜欢电影 C，推荐给他。

②优点：能很好地对用户口味建模。

③缺点：需要对物品分析建模，推荐的质量依赖于物品模型的完整和全面程度；物品相似度分析仅仅依赖于物品本身特征，没有考虑人对物品的态度；对新用户有"冷启动"问题。

（3）基于用户的协同过滤推荐

基于用户对物品的偏好，发现与目前用户偏好相似的"邻居"用户群，根据邻居的历史偏好信息，为目前用户推荐物品。

①具体过程描述是：A 用户和 C 用户的购物习惯相似，所以将物品 D 推荐给 A 用户。

②优点：对用户分类更准确，能提供更精确的推荐。

③缺点：对于新用户有"冷启动"问题；假设喜欢物品的用户可能有相同的口味和偏好，用户数量一般很大，并且用户对物品的喜好会发生变化，计算复杂，需要更新。

（4）基于项目的协同过滤推荐

使用所有用户对物品的偏好，发现物品和物品之间的相似度，然后根据用户的历史偏好信息，将类似的物品推荐给目前用户。

①具体过程描述是：买了物品 A 的用户都买了物品 C，C 用户买了物品 A，给他推荐物品 C。

②优点：基于项目的协同过滤推荐机制是在基于用户的机制上改良的一种策略，大部分的 Web 站点中，物品个数远小于用户数量，物品的个数和相似度相对比较稳定，基于项目的机制比基于用户的实时性更好一些。

③缺点：不是所有的场景都能适应，例如：新闻推荐系统，新闻的个数远多于用户个数，新闻的更新速度很快，相似度依然不稳定。

第三章
企业人工智能的应用落地

企业人工智能的应用落地,离不开大数据,离不开算力,更离不开场景。这几个要素,都很必要且重要。

人工智能的落地,其实就是将数据整合起来加以利用的过程。选择合适的落地平台,将数据价值最大化,也就有了落地的可能。

第一节　人工智能的三要素

1. 大数据：人工智能的智能都蕴含在大数据中

（1）什么是大数据

所谓大数据是指，无法在一定时间范围内用常规软件工具进行捕捉、管理和处理的数据集合，只有借助新处理模式，才能具有更强的决策力、洞察发现力和流程优化能力的海量、高增长率和多样化的信息资产。

大数据以数据为核心资源，将产生的数据通过采集、存储、处理、分析并应用和展示，最终实现数据价值。

（2）大数据与人工智能相辅相成

①大数据的积累为人工智能发展提供燃料。IDC、希捷科技曾发布了《数据时代2025》白皮书。报告显示，到2025年全球数据总量将达到163ZB。也就是说，2025年数据总量将比2016全球产生的数据总量增长10倍多。其中，属于数据分析的数据总量比2016年将增加50倍，达到5.2ZB（十万亿亿字节）；属于认知系统的数据总量将达到100倍之多。爆炸性增长的数据推动着新技术的萌发、壮大，为深度学习的方法训练计算机视觉技术提供了丰厚的数据土壤。

大数据主要包括：采集与预处理、存储与管理、分析与加工、可视化计算及数据安全等，具备数据规模不断扩大、种类繁多、产生速度快、处理能力要求高、时效性强、可靠性要求严格、价值大但密度较低等特点，为人工智能提供丰富的数据积累和训练资源。

②算法让大量的数据有了价值。无论是特斯拉的无人驾驶，还是谷歌的机器翻译；无论是微软的"小冰"，还是英特尔的精准医疗，都可以见到"学习"大量的"非结构化数据"的身影。"深度学习""增强学习""机器学习"等技术的发展都推动着人工智能的进步。以计算机视觉为例，作为一个数据复杂的领域传统的浅层算法，识别准确率并不高。自深度学习出现以后，基于寻找合适特征来让机器识别物体，几乎代表了计算机视觉的全部图像，识别精准度从 70% 提升到 95%。

可见，人工智能的快速演进，不仅需要理论研究，还需要大量的数据作为支撑。

③数据处理技术推进运算能力提升。人工智能领域富集了海量数据，传统的数据处理技术无法满足高强度、高频次的处理需求。AI 芯片的出现，大大提升了大规模处理大数据的效率。目前，出现了 GPU、NPU、FPGA 和各种各样的 AI-PU 专用芯片。

传统的双核 CPU 即使在训练简单的神经网络培训中，要想让 AI 芯片提升约 70 倍的运算速度，也需要花几天甚至几周时间。

④人工智能推进大数据应用深化。在计算力指数级增长及高价值数据的驱动下，以人工智能为核心的智能化正不断延伸其技术应用广度、拓展技术突破深度，不断加快技术落地（商业变现）的速度，例如：

在新零售领域，大数据与人工智能技术的结合，可以提升人脸识别的准确率，商家可以更好地预测每月的销售情况；

在交通领域，大数据和人工智能技术的结合，基于大量的交通数据开发的智能交通流量预测、智能交通疏导等人工智能应用可以实现对整体交通网络进行智能控制；

在健康领域，大数据和人工智能技术的结合，能够提供医疗影像分析、辅助诊疗、医疗机器人等更便捷、更智能的医疗服务；

在技术层面，大数据技术已经基本成熟，并推动人工智能技术以惊人的速度进步；

在产业层面，智能安防、自动驾驶、医疗影像等都在加速落地。

随着人工智能的快速应用及普及，大数据不断累积，深度学习及强化学习等算法不断优化，大数据技术将与人工智能技术更紧密地结合，具备对数据的理解、分析、发现和决策能力，能从数据中获取更准确、更深层次的知识，挖掘数据背后的价值，催生出新业态和新模式。

（3）大数据在人工智能中的实践与应用

信息时代，现代科学技术发展进入了"快车道"，科学技术的实践化应用改变了人们的生活，其中就包括人工智能技术的应用，如智能家居系统、智能汽车、智慧城市等。作为人工智能技术的核心，大数据技术收集、处理与分析海量数据，探索数据中存在的潜在规律，并利用该规律进行有效预测，实现智能化的要求。

随着计算机网络技术的普及，人们在日常工作、生活和学习中，计算机网络的使用频率明显增加，网络数据总量呈爆发式增长；同时，数据信息的价值属性凸显。通过对某一事件的网络数据信息进行收集、整理、分析，就能了解特定数据的发展情况，并根据大数据技术的分析结果对该事件的发展进行预判。

人工智能技术的发展对大数据技术有着较强的依赖性。作为人工智能的核心技术之一，大数据技术在人工智能中有着较为广泛的应用，下面通过几个应用实例进行分析：由于人类自身原因的限制，导致无法从事某些特定的工作，为此，人们会利用智能机器人从事这些工作，其中大数据技术就发挥了重要的作用。

借助大数据技术的支持，人工智能不仅可以丰富人们的生活，还能将人们从繁重的工作中解放出来，降低工作、学习压力，提高工作和学习效率。可是，人工智能是一把"双刃剑"，在人工智能与大数据技术的融合过程中，也应注意防范相关安全风险。

（4）大数据推动人工智能发展的趋势

"技术"并不是指单一的某一种技术，更多的是指总体的"趋势"，即产业会朝着什么样的方向发展。作为"技术"，一个非常重要的特点就是无法预测，但是趋势是可以预测的。

①要改变思维方式，做有创造性的工作。随着社会越来越智能化，所有的东西都会更加智能，例如：在医院或者诊所，放射科的照片已经可以被人工智能分析；在飞机驾驶中，大部分时间都是人工智能在操纵飞机；开车时使用的自动挡，也是人工智能在操纵汽车。重要的一点是，我们为什么想要人工智能？因为人工智能和人的思维是不同的。例如，我们为什么想要人工智能来开车？因为人工智能不会受到外界的干扰，人在开车的时候可能会突然分神，而人工智能或自动驾驶则不会。

人工智能有不同的认知方式和模式，甚至还会在一定程度上、一定的维度上超越人类的思维方式，充分运用这种思维方式。发明出不同的AI、不同的模式，来强化个人视角，就能更好地完成人工智能，但这很难。

人脑很难复制，有两步可以走：第一步，发明一个新的思维模式——大脑模式，帮助解决这些问题；第二步，找到一种解决方式，使用这种思维模式。

第一次工业革命带来了第一次人力的解放，而人工智能带来又一次人力的解放。很多人担心在未来会不会有很多工作都不需要人类了,人工智能会不会替代人类。所有的工作其实都可以归为不同的类别,有些工作可以由机器人来做,有些工作机器人就做不了,我们需要做的就是重新定义人工智能,而不是被其所替代。

我们可以将低效率、可重复性的工作交给机器人去做,而高效率、具有创造性的工作则由我们人类去做,比如:人际交往、艺术、科技发明等领域的工作。未来我们能否成功,就要看人和人工智能能否实现无缝衔接。

②在"流动"的社会,学习能力是核心能力。流动性是时代的特征,数据是流动的,例如:新闻、音乐、电影,还有Facebook、微博、微信等都是数据的流动。无论处于哪个行业,学过什么课程,最终都会获得数据库。无论做什么工作,都必须要意识到流动的数据,因为所有的信息都会被追踪。

信息会被追踪,但决策可以改变。可以被跟踪的事物一定会被追踪,包括:各种数据流、信息流,例如,定位系统能够跟踪客户的具体位置、会买什么商品;也可以通过技术,追踪生活方式、健康状况,包括运动、记忆力、血压水平等。

隐私。可以通过配对、连接、耦合等方式,将两种不同的个体双向连接起来,要么透明,要么模糊,要么开放,要么隐藏。

个性化设计。每个人都是社会的一员,但人们都希望公司、朋友把自己视为一个独特的个体,例如,有自己的特长、职责,而唯一能够被视为个性化的方式就是透明化,需要向大家开放自己、公开信息,以便让他人给予我们个性化的对待。

③协调合作、强强联合,让共享经济成为可能。过去说的分享可能仅

仅是所谓的分享经济，分享一辆车的使用权，或分享那些并非个人所有的东西，但是其实分享远不止这些。

虽然我们在说共享经济，但是现在还只处在共享经济的初期阶段，真正的分享远超过现在所理解的简单分享。在未来，我们可以想象得到的，能够被分享的所有东西都会被分享。因此，最重要的一点便是协作。我们需要让所有的工具、技术协调合作，使其强强联合。

维基百科是一个线上的百科全书，全球上百万的人都可以成为这个百科的撰写人，可以撰写许多词条。这种技术在20年前完全不存在，但是现在却可以让我们一起来完成一部巨大的网上百科全书。

④ 从关注"所有权"转向"使用权"。过去我们关注"拥有"，现在更加关注是否可以"使用"。例如，Uber是世界上最大的出租车公司，但Uber自己没有一辆出租车；Facebook是世界上最大的社交平台，但自己没有任何内容。因此，在现代的社会，"使用权"已经优于了"所有权"，如果可以随时随地地使用，感觉比真正拥有会更好。例如，有了滴滴，随时随地想用车，都可以直接叫车，不用自己去买，甚至可以想象在未来不用买房子，因为随时随地都有这样的服务提供商为我们提供服务。

如今，我们已经实现了从产品向服务的转换，过去可能关注的是产品本身，但现在我们更关注产品背后所能提供的服务，也就是服务经济。未来经济是按需经济，人们有需要再生产，需要把产品转换成服务，然后把服务提供给消费者。

2. 算力：为人工智能提供基本的计算能力支撑

（1）何为算力

算力，也称哈希率，是比特币网络处理能力的度量单位，也就是计算机（CPU）计算哈希函数输出的速度。比特币网络必须为了安全目的而进行密集的数学和加密相关操作，例如，当网络达到 10Th/s 的哈希率时，每秒就可以进行 10 万亿次计算。

在通过"挖矿"得到比特币的过程中，需要找到相应的解 m；而对于任何一个 64 位的哈希值，要找到其解 m。这些都没有固定算法，只能通过计算机随机的 hash 碰撞，而一个挖矿机每秒钟能做多少次 hash 碰撞，就是其"算力"的代表，单位写成 hash/s，这就是所谓工作量证明机制 POW（Proof Of Work）。

（2）人工智能的算力演进

人工智能的深度崛起确实是它的原始动力，但是真正能够让它稳固地往前走的，必须是算力的演进。

人工智能正式诞生于 1956 年。"二战"期间出现了自动控制理论，推动了人工智能领域的诞生。人工智能领域一是受到自动控制领域的推进；二就是算法。

1990 年互联网正式起步，发展至今，已成为人类生活中必不可少的一部分，并为人工智能的发展奠定了良好的基础。具备了自动控制、互联网和算法条件后，20 世纪八九十年代人工智能难以发展的原因，是算力的欠缺。

人工智能的崛起有三大因素：一是互联网的发展，提供了多类型的数据资源；二是硬件技术的发展变革，降低了硬件成本的同时，缩短了运算的时间；三是深度学习算法，确立了人工智能崛起的基础。

除了三大驱动因素，AI 要真正崛起还取决于以下 5 个条件：

①海量数据。人工智能算法的演进必须有数据作为支撑，大量标注好的数据库，将识别率从 70% 提升到 95%。

②超大的计算量。在标注海量数据的过程中,会带来更大的数据量,数据中心需要不断扩大规模,提升网络速度。

③单一领域。AlphaGo 是人工智能领域的代表,最大特点就是专注单一领域。

④客观、精准、自动标注过的数据,是人工智能应用必须具备的条件。

⑤顶尖的 AI 科学家。

AI 领域最吸引人眼球的是计算机视觉,计算机视觉是进入 AI 大门的钥匙。就外因来看,一方面,自深度学习算法出现后,从 2013 年至 2015 年,投资规模已从 2 亿美元迅速增长到 12 亿美元;另一方面,是政策的大力支持。2017 年 7 月,国务院印发了《新一代人工智能发展规划》,12 月工信部又印发了《促进新一代人工智能产业发展三年行动计划(2018—2020 年)》。

人工智能领域另一个比较火热的板块是图像识别。

在生物识别区域,人脸识别已经成为系统化、平台化的趋势。人脸识别技术,基于人的脸部特征,能够对输入的人脸图像或视频流等信息进行判断。目前,被广泛运用在考勤、门禁、电视、安防等领域。

在场景识别区域,尤其是在工业领域,需要大量的图片、视频输入以及场景训练,涉及大量的运算,目前还难以实现。

在视频识别区域,语音识别能够实现五米以内的近场、远场的识别,但是在自然语言理解和交流方面有欠缺。

现有的算力架构是按冯·诺依曼体系来做的,未来将向非冯·诺依曼体系架构变革。随着量子计算的出现,人工智能将出现新的变化。

(3)人工智能进步须突破算力依赖

未来几年,软硬件的优化将会变得至关重要。摩尔定律的终结意味着，创建最先进的AI所需的计算量正在增加。

过去，计算机的计算能力有限，为了充分利用已有的算力，软件开发者不得不开发出高效的代码；今天，至少在短期内计算机的算力足够充裕，但为了快速迭代，开发者的开发时间变得异常有限，需要利用各种已有构件库，依靠算力，抵消代码的低效。但算力不会无限增长下去，开发者将会面临需要优化代码以利用算力的情况。

随着计算量的增加，算力也会不断增加，但随之而来，压力也会越来越大，人们会越来越频繁地使用计算机，虽然依然可以上网，但它会变得越来越慢，因为任何人都无法跟上某一年增加了10倍的步伐。如果人工智能想不受阻碍地进步，就需要更多的软件创新、硬件和软件的优化，而不是更强的计算力，这一点对未来几年的人工智能的发展至关重要。

人工智能在各个领域都发挥着作用。从确定要展示的广告，到Instagram上推荐内容的审核，再到为新客户的体验提供支持，都离不开人工智能决策。因此，尽管大多数人还未能体会，但在为全球用户部署人工智能系统时，更容易感受到挑战与困境。

3. 场景：在场景中输出，体现实际价值

未来互联网的发展，一个要素是"场景"，或者我们称之为"战场"，通俗一点就是"市场"，这是最关键的。研究院、研发团队，没有场景落地、平台业务支持，基本上都难走下去。

从不可复制性的角度来说，计算能力和大数据都是可复制的，但是市场和人才是不可复制的。就像今天BAT三家分别在社交、电商和搜索领域有各自的主战场和场景；滴滴、摩拜有交通出行的场景；微信、支付宝有支付场景；新美大、58同城有日常生活的场景和使用习惯。

有了这样的战场,未来人工智能时代,我们就可以借助新技术,把握先机,否则,空有技术、空有数据,远远不够。有了应用场景,才能产生数据,才能驱动技术发展,人才也会随之而来。

(1)场景时代的到来

何为"场景时代"?这里所说的"场景"是指,移动互联下的场景,即以移动互联网为依托,按照各种标准、角度和需求,把线上线下的商业和社交活动塑造成不同的情景模块,并利用多种技术力量丰富模块内容,形成互动联通的生活和工作模式。

随着社交和云技术的不断融合,移动终端设备从随身变得贴身,人工智能技术开始从技术平台走向产业平台,场景的价值越来越大,我们正在步入一个能够通过场景感知来快速高效解决问题的场景时代。

如今,场景时代已经遍及人们生活的方方面面。

①流行即流量。好的产品会流行,好的产品会口口相传,用户就是"病毒",传播复制的速度可以刷屏。但引爆朋友圈之后的产品,流行会带来不可估量的流量,日益反复使用这部分流量,让这些流量留存下来,又是一个值得深度思考的问题。

很多产品引爆朋友圈,过段时间就消失得无影无踪,就是因为无法满足用户后期的需求。好的产品+好的运营,才可能成功,如果这个条件不成立,会形成很大的泡沫。有泡沫的产品才有可能成功,没有泡沫的产品是不存在的。

比如,喝饮料场景。××系列的饮料不再是饮料,满足了青年人文艺又屌丝的情怀,每次聚餐,朋友圈首先刷屏的是有情调、有个性的网络新词。比如,"兄弟情深,干了这杯",还可以自定义文案,彰显个性。

②跨界即连接。跨界思维,连接平台,打通用户基础数据,给用户一

个生态,就能满足人性,而这也是每个企业的愿景。要想实现跨界,就要满足用户需求,以大量数据为支撑,了解用户的家庭信息、金融信息、学历信息、消费信息、生活习惯、饮食习惯等。真正的跨界需要走很长的路,而不是简单地把这边的流量导入另一个平台。

③产品即场景。产品的存在,都是为了更好地解决用户的需求(痛点),更好地满足用户的期望(痒点),更好地满足用户的情怀和调性。比如:开车上班场景。开车上班避免不了拥堵,浮躁的社会给人的情绪加上了无限个情绪引爆点,音乐类产品就能降低用户烦躁的情绪,智能推荐一些缓解烦躁的歌曲。

④分享即获得。分享是人类的欲望输出。分享欲越强,分享的越多,获得的越多。在这个信息爆炸的时代,分享不再是企业或中介公司的权利,每个人都是媒体,可以分享自己的知识,分享自己的感情。

(2)场景时代下的人工智能

但是,人工智能技术和应用的成熟度与市场热度相比,还存在较大的差距,实现人工智能的场景化,做好"人工智能时代"与"场景时代"的结合,则是未来人工智能发展的重要前提。

人工智能的发展离不开技术的不断创新,更离不开场景的创新。场景创新是人工智能发展的催化剂,人工智能技术发展到一定的程度后,就要让更多的人工智能技术走向前台转变为用户服务,激发商业化应用需求,通过需求创造供给将是未来人工智能发展的重要方向。

例如,智能驾驶的出现,正是在技术成熟和智能驾驶场景的相互结合和相互促进下不断发展的。智能金融则是用人工智能技术自动化和金融交易智能化,背后是一系列计算机深度学习和知识图谱同金融场景的结合。

场景时代下,技术和需求的融合会影响相关产品或服务开发与应用,把握好特定场景进行人工智能产业化落地的应用方向，就能实现整个人工智能生态链的商业价值。

（3）人工智能落地，应用场景多样化

顶尖围棋选手和人工智能 AlphaGo 的比赛，让越来越多的人开始认识人工智能，各行各业也都开始谈论人工智能。人工智能开始逐渐落地，在各大场景中得到应用。发展至今，已经被运用于以下几大场景：

①零售。人工智能在零售领域的应用已经十分广泛，无人便利店、智慧供应链、客流统计、无人仓/无人车等都是热门的方向。

京东自主研发的无人仓，采用大量智能物流机器人进行协同与配合，通过人工智能、深度学习、图像智能识别、大数据应用等技术，工业机器人可以进行自主的判断和行为，完成各种复杂的任务，在商品分拣、运输、出库等环节实现自动化。

图普科技将人工智能技术应用于客流统计，通过人脸识别客流统计功能，门店可以从性别、年龄、表情、新老顾客、滞留时长等维度建立到店客流用户画像，为调整运营策略提供数据基础，帮助门店运营从匹配真实到店客流的角度提升转换率。

②安防。在智慧转型的浪潮下，行业竞争日趋白热化，很多安防企业看到了人工智能的大趋势，为了变革求新、提高效益，纷纷加速拥抱人工智能。

在打造智慧社区的过程中，人员的高流动性、人口管理难等问题使社区环境变得日趋复杂。人工智能越来越多地被应用到了安防系统中，代替人工进行信息筛选，可以节省大量的人力物力和时间。

目前，监控布局很多，监控的数据更多，想要更快发现嫌疑人的信息，仅靠人工检索是不行的，通过人工智能可以快速地把需要几天才能处理完的数据在几分钟内处理好，为抓到嫌疑人赢得更宝贵的时间。

除了公共安防，现在AI在民用安防里的运用也非常多。以前人们出门在外就无法得知家里的情况，现在情况完全不同了。可以在家里没人时做到自动布防，如果有人闯入，会发出警报并通知主人；可以通过手机实时观察家中情况，做到胸中有数。遇到入室偷窃等突发事件时，还可以记录下犯罪嫌疑人的样貌，快速破案，减少损失。

③医疗。利用人工智能的深度学习技术，可以快速准确地挖掘筛选合适的化合物或生物，缩短研发周期，降低新药研发成本，提高新药研发的成功率。同时，人工智能技术还可以用于辅助诊疗，让计算机学习医生的思维和诊断推理，然后像医生一样，给病人看病，并给出可靠的诊断和治疗方案。

现在，能够帮助患者站起来的智能骨骼已经被研制出来。下半身瘫痪的患者，可以利用智能骨骼完成基本的行走、爬楼，做一些特殊的训练动作；可以利用智能骨骼测量脉搏等，帮助患者更好地进行康复训练。

最具代表性的就是达·芬奇手术系统。机器人的机械手臂比人的手臂更加灵活，摄像机也可以进入人体内，完成超高难度的手术，让人的生命安全得到保证。数据统计，目前达·芬奇手术系统机器人已经完成了300万例手术。

④交通。在迅猛的城市化发展中，交通是发展的命脉，也容易出现道路拥堵、停车困难、交通事故频繁发生等问题。

通过人工智能技术，可以缓解这些交通问题。大数据和人工智能可以让交通更智慧，通过深度学习模型，以大数据为核心，可以实时监测分析道路上的车流量，再根据道路上真实的情况自动切换和调配信号灯的时间，红绿灯时间不再固定，极大地提高交通效率，提升交通体验。

除了信号灯可以节约时间外，人工智能还可以为我们的安全保驾护航。比如：ADAS 高级驾驶辅助系统可以根据人工智能算法，进行智能图像分析。行车时，实时收集车内外的环境数据，进行物体识别，让驾驶人员察觉到潜在危险，预防交通事故的发生。

⑤医疗。目前，在垂直领域的图像算法和自然语言处理技术已经能够基本满足医疗行业的需求，市场上出现了众多技术服务商，例如：提供智能医学影像技术的德尚韵兴、研发人工智能细胞识别医学诊断系统的智微信科、提供智能辅助诊断服务平台的若水医疗等。

虽然智能医疗在辅助诊疗、疾病预测、医疗影像辅助诊断、药物开发等方面发挥重要作用，但各医院之间医学影像数据、电子病历等不流通，导致企业与医院之间合作不透明，使得技术发展与数据供给之间存在矛盾。

⑥家居。智能家居是基于物联网技术，通过智能硬件、软件系统、云计算平台构成一套完整的家居生态圈。用户可以进行远程控制设备，设备间可以互联互通，并进行自我学习等，整体优化家居环境的安全性、节能性、便捷性等。近两年随着智能语音技术的发展，智能音箱成为一个爆发点。小米、天猫、Rokid 等企业纷纷推出独具自身特色的智能音箱，不仅成功打开了家居市场，也为未来更多的智能家居用品培养了用户习惯。

⑦物流。物流行业利用智能搜索、推理规划、计算机视觉以及智能机器人等技术，在运输、仓储、配送、装卸等流程上已经进行了自动化改造，能够基本实现无人操作。比如，利用大数据对商品进行智能配送规划、优化配置物流供给、需求匹配、物流资源等。目前，为了抢占市场，物流行业大部分人力分布在"最后一公里"的配送环节，京东、苏宁、菜鸟等争先研发出了无人车和无人机。

⑧教育。AI和教育的结合,在一定程度上可以改善教育行业师资分布不均衡、费用高昂等问题。比如,科大讯飞、乂学教育等企业早已开始探索人工智能在教育领域的应用,通过图像识别,可以进行机器批改试卷、识题答题等;通过语音识别可以纠正、改进发音;而人机交互可以进行在线答疑解惑等。

⑨交通。智能交通系统是通信、信息和控制技术在交通系统中集成应用的产物。目前,我国在ITS方面的应用主要是通过对交通中的车辆流量、行车速度进行采集和分析,可以对交通实施监控和调度,有效提高通行能力、简化交通管理、降低环境污染等。

第二节 人工智能落地的两个环节

1. 数据治理

（1）数据质量和安全是发展人工智能的第一需求

如今，企业对于全面数据治理的需求从未如此强烈。监管机构希望企业能更加清晰地了解数据，对它进行有效的管控；企业管理层希望厘清数据资产，降低数据应用的复杂性，进行更高效的管理；员工也开始认识到数据的重要性，更多地采用数据驱动的方式来开展工作。

数据治理正迅速发展成一种企业核心策略，只有做好数据治理，让数据更加准确完整，且安全合规，才能释放出数据的无限潜能，挖掘出更多有价值的数据应用。

在应用和实践中，人工智能技术能够确保数据质量和数据安全。人工智能的落地应用效果会受到数据质量和安全的影响，更多的企业开始反思并转而去推动数据质量和安全的提升，提供数据质量和安全评测工具，建立好的数据环境，再进行人工智能应用的同步研发。

大数据是人工智能技术研发、训练的关键，是人工智能长期发展的重要保障。只有人工智能系统能够获取更为准确、及时、一致的高质量数据，才能提供更有效、有用、精准性高的智能化服务。

根据埃森哲在 2018 年 4 月的一份调研发现，中国制造企业在运用人工智能技术时面临一系列挑战。其中，52%的中国受访企业将数据质量列为突出挑战，数据安全与网络安全紧随其后（47%）。

在2017年4月的一次研讨会上，围绕人工智能话题，华为任正非提出："高质量的数据是人工智能的前提和基础。"目前，不管是人工智能技术的研发，还是人工智能应用领域的发展，"数据质量"都是一个不可或缺、位于重中之重的要素。

人工智能发展的另一个重点保障就是数据安全。人工智能系统的基础是大数据，要对外提供服务，就会涉及数据的安全保护，在这个过程中，一系列的数据安全防护手段是必不可少的，比如：数据脱敏管理，对敏感信息的风险评估、使用监控，对数据的泄露检测，数据库保密检查等。

人工智能需要海量的数据，其进步取决于各种来源数据的可用性，如何确保这些数据的安全性与保证用户数据的隐私性是数据质量之外又一个重要问题。同时，通过对业务数据应用语义计算、数据挖掘、机器学习、知识图谱、认知计算等人工智能技术，也可以促进企业数据安全保障体系的完善。

（2）借用人工智能，传统数据治理悄然向"智能化"升级

经过多年的理论更新、技术演进和应用实践，数据治理已经从概念到技术发生了很多变化。特别是随着这一波人工智能浪潮的重新兴起，数据治理技术和人工智能技术在一些方面也开始进行了结合使用，应用了人工智能技术的新一代数据治理，就是"智能化数据治理"。

在数据治理工作中，可以通过对大数据应用机器学习技术，做数据挖掘和分析，识别哪些可能是用户隐私性数据、哪些数据可能有异常，一旦数据特征被确认，打上标签，未来再做数据管理时，就可以使用元数据管理的方法机制，对外提供服务。比如，遇到涉及的某特殊标记数据，就会

有相应的流程启动；在相关的数据对外服务提供过程中，一旦数据涉及个人隐私，一定要小心处理，以免引起政策方面的风险。通过上述应用，可以增强大数据系统数据安全管理和元数据管理的能力。

另外，在针对大数据开展数据质量核查过程中，可以配合传统根据预置的质量核查规则进行核查的方式，针对少量核心核查规则，从大数据中选取训练数据样本，经过预处理，利用机器学习算法进行深度分析，提取公共特征和模型，定位数据质量原因，做数据质量问题的预测，并进一步形成知识库。这样，就能进一步增强大数据系统数据质量管理的能力。

对于数据模型的管理，利用机器学习技术，可以分析数据库中数据实体的引用热度，通过聚类算法自动识别数据模型间的内在关系；还可以用于数据模型质量的检测和评估。对于非结构化数据的管理，像文档内容、图像、音频、视频等，更可以充分利用人工智能中的自然语言处理、图像识别、语音识别、视频处理等技术。

（3）大数据治理如何全面拥抱 AI

所谓大数据治理就是，基于大数据的数据治理。

大数据，一般指符合 4V 特征的数据，包括：社交数据、机器数据等。

大数据为传统数据治理工作带来很多的扩展：在政策和流程上，大数据治理应覆盖大数据的获取、处理、存储、安全等环节；在数据生命周期管理各阶段，如数据存储、保留、归档、处置时，要考虑大数据保存时间与存储空间的平衡；大数据量大，因此应识别对业务有关键影响的数据元素，检查和保证数据质量。

数字化时代，大数据治理应该如何和人工智能技术深度结合，人工智能技术在大数据治理领域能有哪些应用？

①非结构化数据管理。近年来，随着利用机器学习的人脸识别系统能

力的提高，已经大量应用在识别已知的犯罪分子、员工上班考勤、公共场所中超出规范或违反法律的行为或活动。而医疗行业，则可以利用机器学习工具，通过对大量纸质和图像病例资料的训练学习，构建医疗知识库，辅助专业医护人员，诊断疾病并提出最有效的治疗策略。

各类社交网站每天都会产生大量非结构化数据，企业可以利用机器学习技术来实时发现和识别潜在的问题，手写识别、语音转写、自然语言处理技术也在不同场景中得到大量应用，这可以提高人们识别、理解和处理非结构化数据的能力。

②数据共享开放。企业可以充分利用人工智能技术，以信息化、自动化等方式，共享和开放一部分数据或数据加工结果，对外提供服务，提升企业竞争力。最典型的就是，现在各种客户服务机器人，可以使用自然语言处理技术处理回答客户提出的常见问题，并随着时间的推移提高答案的质量。

另外一个常见的应用领域就是营销推荐。在许多行业中，将适合的产品投放到正确的位置对于商业成功至关重要。机器学习系统可以使用企业收集的用户数据，根据用户过去的购物习惯预测可能喜欢的物品，再将预测结果数据向企业电商系统或销售决策系统开放。

③数据资产分析。物联网的大发展提供了许多潜在的机器学习使用场景，其中就包括预测性维护，企业可以使用历史设备数据开展预测分析，推断机器可能发生故障的时间，使其能够在影响业务运行之前主动进行维修或安装更换部件。

对于物流企业来说，设置时间表和路线是一件复杂而费时的工作，机器学习系统可以通过对交通数据的分析和监控，帮助企业规划货物运输路线及计划，提出最有效和最具成本效益的方法。

在金融市场交易中，每个交易者都希望在市场上找到能让他们低买高卖的模式，大的金融机构更会花费重金，使用人工智能技术，针对金融交易数据做深度的分析挖掘，打造自己的量化交易系统，在变幻莫测的市场风云中更早一步识别潜在的风险和机会。

④数据质量管理。在金融行业，银行信用卡的发卡部门很早就开始利用机器学习技术，来识别不合规的申请人、虚假申请信息以及可能存在欺诈性的交易行为。此外，既然机器学习可以识别信息系统中的异常数据，也可以检测制成品或食品中的异常情况。企业可以通过将实体物品生产过程数字化，使用经过训练的机器学习系统来识别不符合标准或规格的产品数据，挑出异常数据，部分替代人类检测员的工作。

⑤元数据管理。互联网企业使用机器学习，可以对用户点击过哪些链接进行分析，为用户生成画像，打上特定标签，来做商品、内容的推荐和优化用户搜索结果。这些描述用户消费行为、兴趣偏好特征的元数据信息，已经成为互联网企业得以生存发展的核心数据资产。

⑥数据安全管理。目前，许多行业信息安全解决方案都在使用机器学习算法来识别潜在系统攻击。通过机器学习，可以建立用于检测异常情况的"正常"行为的基线，对不符合基线标准的异常情况进行预警和处理。

（4）让懂数据治理的人来做人工智能

大数据治理体系建设是我国实施大数据战略的重要保障，是发挥大数据作用、做大做强大数据产业的重要因素，也是关键基础。

目前，做人工智能的企业很多，人工智能的基础就是大数据，数据首先要能互通、共享，如果数据不通，标准不一致，质量不高，就很难做分析、建模，更谈不上预测的准确性。

开展数据治理则能为企业提供一个高质量的数据工作环境，促进人工智能技术的研究和实践。数据治理是人工智能的基础,想做人工智能,首先就要打好数据治理的基础。

对大型科技企业来说,面对日益激烈的竞争环境,企业亟须进行数字化转型,一方面要做好数据治理,另一方面数据治理政策也对人工智能发展发挥着重要的影响。

作为欧盟"史上最严"的数据保护法规,备受关注的《通用数据保护条例》于2018年5月25日正式生效,相关组织机构需于该生效日起遵照新规行事。一方面,GDPR适用的地域范围不仅限于欧盟境内,也适用于提供业务给欧盟境内个人的境外组织机构;另一方面,GDPR在全面加强个人信息保护、强调用户知情权、访问权和被遗忘权的同时,对相关组织机构提出更为严格的合规要求。

在大数据时代,隐私权就是人权。根据这一条例,个人消费者可以享有更多权力,并通过对违规行为的严厉处罚,更好地保护消费者的数据资产和个人隐私。但同时,GDPR将会对国内互联网及商业科技公司产生长远的影响。对以消费者数据应用为主要业务的国内科技公司来说,更不可能成为例外。

此外,我国对个人信息保护方面,《信息安全技术个人信息安全规范》于2018年5月1日的正式实施,已经对我国科技公司产生了实质性的影响。

2. 平台建设

(1)著名的智能平台

比较著名的人工智能平台主要有:

① AWS。AWS是一个业务流程管理开发平台,为了给用户更好的用

户体验，亚马逊与持有相关电信牌照的本地合作伙伴合作，由本地合作伙伴向客户提供云服务。开发人员可以在中国境内轻松地部署基于云的应用程序，使用相同的 API、协议和与 AWS 全球客户无差别的操作标准。如今，亚马逊已经为 Uber、Airbnb、Palantir 等初创企业提供了大量资源，包括：创业活动、办公空间"阁楼"和 AWS Activate。

② Google。Google 协作平台是一款在线网站制作系统，是 Google Apps 的一部分，其目标是任何人都能创建一个以团队为导向的网站。Google 协作平台内的权限有三个级别：所有者、编辑者和查看者。所有者有权修改整个网站设计，编辑者无法改变网站设计，查看者只能查看该网站，不能更改任何文本或内容。该协作平台不仅支持基本的网页，还支持列表式网页，以及存储在 Google 的电子文档。

③百度。百度创始人、董事长兼 CEO 李彦宏在 2017 年百度世界大会上说，百度 AI 开发者大会之后，他被问得最多的问题是，自己坐无人车上北京五环有没有吃到罚单。无人驾驶罚单已经来了，无人车量产还会远吗？外界对于无人车量产的时间表是 2020 年，百度"不满足"，正在把这个时间提前。比如，百度和金龙汽车合作，生产出一款无人驾驶的小型汽车，在 2018 年 7 月实现量产。

④阿里云。阿里云 ET 城市大脑是目前全球最大规模的人工智能公共系统，可以对整个城市进行全局实时分析。目前，ET 城市大脑已经在杭州、苏州等地落地。杭州城市大脑接管了杭州 128 个信号灯路口，试点区域通行时间减少 15.3%，高架道路出行时间节省 4.6 分钟。在主城区，城市大脑日均事件报警 500 次以上，准确率达 92%；在萧山，120 救护车到达现场时间缩短一半。

⑤腾讯。腾讯觅影是首款 AI 食管癌筛查系统，由腾讯发布，是一款

AI 医学影像产品，准确率超过 90%；在肺结节方面，觅影可以检测出 3 毫米及以上的微小结节，检测准确率超过 95%。未来，腾讯觅影将与医学院和医疗结构合作助力更多病种检测。

（2）企业级人工智能平台

企业级人工智能平台是大规模加速企业级人工智能项目实施的生命周期的框架，为组织提供了一种结构化且灵活的方式，有利于创建当今和长期的人工智能驱动解决方案；它还使人工智能服务从概念证明扩展到生产规模系统，通过面向服务和事件驱动，架构世界的特定准则，实现整合。

如果设计良好，企业人工智能平台将促进人工智能科学家和工程师之间的更快、更高效和更有效的协作，有助于以各种方式控制成本，避免重复工作，自动执行低价值任务，提高所有工作的可重复性和可重用性。还可以消除成本昂贵的活动，即复制和提取数据以及管理数据质量。

更重要的是，企业人工智能平台可以帮助解决技能差距问题，不仅是新人入职的焦点，还有助于开发和支持人工智能科学家和机器学习工程师团队的最佳实践。此外，可以确保工作分配更均匀、更快完成。

在企业人工智能平台中，元素被组织为 5 个逻辑层：

①数据和集成层。这种数据访问至关重要。因为在采用人工智能过程中，开发人员不用人工编写规则；相反，机器根据它所正在访问的数据来学习规则。数据组件还包括数据转换和治理元素，有助于数据存储库和数据源的管理。数据源可以封装在抽象层次与数据进行交互的服务中，为现有的平台数据本体提供单一的参考点。最重要的是，数据必须具有高质量，人工智能科学家必须在不依赖 IT 团队的情况下构建自己所需的数据流水线。

②智能层。智能层是技术解决方案和产品团队与认知体验专家一起工作的产物，可以将可重用的组件（如低级服务 API）公开到许多低级 API 的复合编排的智能产品中。智能服务的协调和交付的核心是智能层，是指导服务交付的主要资源，可以简单地通过从请求到响应的固定程序中继而实现。然而，理想情况下，使用诸如动态服务发现和意图识别等概念可以提供灵活的响应平台，尽管认知方向不明确，但能够实现认知交互。

③运营和部署层。运营和部署层是进行模型风险评估的地方，方便模型治理团队或模型风险办公室进行验证，并查看模型证明模型的可解释性、模型偏差和公平性，以及模型故障安全机制。操作层包含 AI DevOps 工程师和系统管理员的实验结果，主要为用户提供工具和机制，管理跨平台的各种模型和其他组件的"容器化"部署；此外，还能监控模型性能的准确性。

④体验层。人工智能平台是一个不断增长的领域，包括可以为解决方案提供视觉和会话设计工作的组件。它通常由传统用户体验工作者、会话体验工作者、视觉设计师和其他创造性人员组成，通过人工智能技术，能够创造出丰富而有意义的体验。

⑤实验层。良好的实验层为特征工程、特征选择、模型选择、模型优化和模型可解释性带来自动化。理念管理和模型管理是授权人工智能科学家合作和避免重复的关键。

第四章
"智能+",为传统产业"添翼"

"智能+"的出现,让传统产业看到了新的曙光。随着"智能+"时代的渐渐临近,传统产业要积极进行产业升级,助力新模式新业态的发展。要努力挖掘客户的需求点,满足客户的多样化需求,给用户带来更多的便利和帮助。

第一节 "智能+"时代已步步临近

从 2015 年开始,阿里开始在人工智能领域发力,发布了首个可视化人工智能平台 DTPAI。它集成了阿里巴巴核心算法库,包括:特征工程、大规模机器学习、深度学习等。在此基础上,阿里巴巴力推智能优化程序小 Ai 和人工智能客服小蜜并实现商用。

小 Ai 是阿里巴巴推出的基于情绪感知等原理工作的智能优化程序。2016 年 4 月 8 日,小 Ai 成功地对当晚《我是歌手》节目冠军进行了预测。小 Ai 的算法还被阿里云成功用于浙江省交通厅的路况预测优化项目。

小蜜是阿里巴巴推出的人工智能客服。2016 年 4 月,上线半个月,"小蜜"日均处理 400 万用户的问题,平均响应时间不到 1 秒,还能实现智能话费充值等功能。

阿里巴巴合作与投资并举,先后与上海庆科、旷视科技、云知声等合作,实现了图像识别、语音识别、智能硬件领域的进步;同时,实现了人工智能硬件领域的延伸。

如今,"智能+"时代已步步临近,社会各界都在积极勾勒未来社会图景。人工智能巨头动作不断,在基础技术、应用领域方面都有诸多突破,概括起来可以总结为两点:基础层研究能力强、跨界创新密集。

1. 基础层研究能力强

人工智能研究可以分为基础层、技术层、应用层。在技术难度大、技术带动效应强的基础层方面，美国已经取得了很多研究和实践进展；而中国在基础层方面能力稍弱，在技术层和应用层发力更多。

基础层主要指处理器、芯片等支撑人工智能技术的核心能力；技术层包括自然语言处理、计算机视觉、技术平台等通用技术；应用层是指自动驾驶、智能机器人等实际应用主体。

人工智能浪潮的兴起，让美国大公司纷纷进军基础层的研究。以芯片为例，美国的芯片制造企业英伟达推出了世界首款120万亿次级处理器Volta V100 GPU，可以将机器学习指令传达的效率从几周的时间缩短至几个小时，帮助客户更加快速地迭代并优化各自产品的上市时间。如今，英伟达已经为深度学习提供了10倍的性能加速，被评论界称为"摩尔定律的平方"，到2025年GPU的性能可能会比CPU快1000倍。

谷歌、亚马逊、微软、苹果等最初并不研发芯片的公司，也开始发力研究芯片和处理器，让美国在全球人工智能基础层的研究地位进一步提高。其中，微软公司公布了其人工智能芯片制造项目，展示了一款专门为微软增强现实眼镜HoloLens打造的新型芯片；谷歌于2016年开始进行芯片的研发，同时与生物公司合作，开发了高效计算DNA信息的芯片；2017年，苹果公司通过自主研发和生产芯片，进一步掌握产业链主导权。

但是，我国在芯片基础研发领域仍然落后于美国企业，对进口芯片的需求居高不下。在图像识别领域，公司同时应用英伟达和英特尔的芯片，目前还没有国产芯片能够完全取而代之。我国人工智能领域不足之处在于原创理论创新、基础人工智能研发能力还不够，需要在理论上有所突破；在PC电脑与移动互联网时代，我们错失了如操作系统等基础平台性技术，因此在人工智能时代更需要迎头赶上。

如今，我国机器人领域核心技术积累不足，资金投入相对有限且分散，高端市场长期被外资企业占据，需要依托进口零部件和本体组装集成为主营业务，虽然已经取得一定的突破，但发展基本上还是被动的、跟随式的，无法获得产业发展的主动权。

要想在2030年实现世界主要人工智能创新中心的战略目标，首先就要解决人工智能发展缺少理论的问题。在下一波人工智能的发展上，要取得一些原创性的、有知识产权的成果，而不是追赶别人发明的科技。

2. 跨界创新密集

未来人工智能领域不再是单一的技术和产品，而是一个整合的生态系统。数字技术将结合神经研究等医学领域、自动化机械臂等工业领域，共同组成人工智能的底层技术。

以人工智能为依托的机器人，一方面会以"软件"形式融入社会，比如：自动翻译、图像识别等；另一方面也将通过集成"硬件"深入到百姓生活中，比如：特种机器人、医疗机器人等。

在这种"共识"的指引下，从IBM、苹果，到谷歌、Facebook、英伟达，所有的人工智能巨头都在尝试软件、硬件、应用场景的联通，他们不再单一专注于自己的传统业务，而是着眼布局未来。谷歌、微软、Facebook、亚马逊、IBM等甚至还组成了人工智能联盟，大有形成合力、制定行业标准之意。

目前，谷歌的跨界非常广泛，跨越了芯片、机器学习平台、软件、云计算等各领域，其人工智能学习系统TensorFlow是全世界应用最广泛的人工智能软件平台。从研发芯片起家的高通，为了优化VR、AR的效果，也推出了自己的摄像头 Spectra Module，还添加了一些新功能，比如：深度检测和生物认证，用户可以通过虹膜扫描来解锁认证。

为了形成生态圈，满足客户的不同需要，IBM 打造了人工智能平台。比如：IBM 的 WDC（Watson Developer Cloud），已经有很多应用程序编程接口被公布出来，比如：知识图谱、语音识别、计算机视觉、性格分析、对话管理等；在教育领域和芝麻街合作，利用人工智能帮助小孩，用游戏的方式来做辅助学习。这一平台还跟美敦力（Medtronic）合作，提前两三小时就可以准确预测一个人的血糖指标。

英伟达不仅有芯片，还发布了高效的深度学习软件平台，为客户提供综合全面的服务，客户涵盖：汽车、虚拟现实、图像识别、基因分析等各领域。

电商起家的亚马逊，凭借其深度学习能力，崛起成为人工智能的巨头。其发布的三大人工智能技术（图像识别、自动语音发音、语音互动）广受欢迎，"小红书"就利用亚马逊的人工智能技术开发了人脸识别痘痘的功能。

而中国人工智能产业的跨界互动能力不足，部分企业存在短期套利思维。从技术到产品的跨越非常之困难，中国企业之间的"门户之见"较深，为了短期利益，会维护已有的客户链条，而不会积极拥抱新产品，使得一项技术需要投产时，很难找到生产商，更别提以后的推广、应用了。

同时，目前市场上的很多风险基金都在主导基础研究型公司，会对正常的创新过程产生一定的负面影响。特定阶段确实需要一些特殊措施，但无论如何，都要给有能力、愿意做研究的人创造一个安静的空间，促进科研创新。

第二节 "智能+"传统产业将擦出什么样的火花

1. 人工智能对传统产业的作用

当传统产业撞上"智能+",究竟能擦出怎样的火花?"智能+"时代已步步临近,其作用体现在以下几方面:

(1) 将工业化带入新阶段

人工智能比移动互联网还要伟大,未来十年,世界上很多的工作都会被它取代。虽然在人工智能应用初期,那些与数据息息相关的领域如金融领域,最容易切入到人工智能的应用中,但在后工业化时代,传统制造业与人工智能的融合更可能将人们带入一个新的工业化时代。

在过去的十多年间,人们口头说的最后的信息化、互联网化与工业的融合,这种融合可以在一定程度上改变工业生产中的管理流程、设计制造方式等,并着重在效率的提升和流程优化上起作用,而没有完全改变工业的本质。

人工智能与制造业的融合,不仅会带来这些,还可能彻底改变传统工业的生产方式。比如,在生产制造过程中,人力的使用也将越来越少。

(2) 替代产业工人或平衡人口红利下降

在不远的将来,人工智能会替代人们的很多工作,很多工作未来还可能不复存在,比如:工人、司机、服务员、翻译、保安等,其中以产业工人的群体最为庞大。不过，这也是社会发展的必然。

如今，中国庞大的人口红利正在逐渐消失，数据显示，在过去的二十年内，劳动力人口在15～64岁年龄段的年增长率第一次转为负数，到2030年年轻人口即15～39岁的群体所占的比例将可能从2013年的38%下降到28%。伴随而来的就是人工智能的发展，其发展甚至可以在一定程度上平衡掉人口红利的消失。

传统职业的消失，定然会带来新兴职业的升级和涌现，在这一过程中，很多人的工作都会受到影响，这在社会进步过程中是不可避免的。经历过这个变迁，我们终将找到新的平衡点。

（3）助推产业转型升级

工业生产"联网"、管理智能升级、企业云服务、人工智能的出现，让生产制造业变得高效便捷，加快了转型的步伐；无人驾驶汽车相继上路，市场需求刺激了无人汽车的技术研发，推动了汽车行业的转型，也推动了车联网等智能交通系统的发展；基于用户历史行为、当季流行商品等大数据推荐商品，使用人工智能技术，电子商贸行业在采购和库存管理上变得更加精准；写稿机器人和AI合成主播上岗，创新了新闻行业的传统形态。

（4）为人们的生活提供便利

人工智能为人们的生活提供了更多的便利，比如：在河北省雄安新区，首家"无人超市"正式运营。顾客完全可以通过刷脸进店，商品上的价签都含有电子芯片，可以自动识别、自动结算。凭借人脸识别和行为抓取等技术，超市基本实现了"0"工作人员，大大缩短了顾客的结账时间。

2. 人工智能和传统行业的关系

传统行业是载体，人工智能是附加，人工智能在传统行业的基础之上创新。

为什么不能摆脱传统行业？摆脱传统行业，就是否定传统行业的产业链，重新创新出一套新的产业链，时间的跨度和成本的跨度很大，再加上进入市场经消费者的检验，就增加了失败的风险。

比如，苹果手机的创新，看似是摆脱传统行业，但并没有摆脱以传统行业为载体的本源，按键和触屏之间，创新的是一个新概念。

以传统行业为载体，新生事物的产生分成两种方式：一种是小台阶的向前走，一种是大台阶的向前走。小台阶遵循小步快跑，大台阶遵循大步快走。而突破性的创新往往取决于大台阶的大步快走。台阶大到一定程度，就是工业上的新革命。

研究传统产品的结果经验，可以弥补传统产品的美中不足；研究传统产品的创新附加，可以让传统产品如虎添翼。新生事物和传统行业之间的台阶差距越大，矛盾冲突越大，解决的新问题总数越多，带来的创新结果含金量越高；而创新出来的新产品，也会成为再次创新的传统行业。

3. 传统行业对人工智能的渴望

从无人驾驶的汽车、客厅里端茶送水的机器人，到根据历史记录自动推荐商品的购物系统，人工智能正在以令人出其不意的速度进入人们的生活。

（1）眼镜店的人工智能切入点

以前消费者在眼镜店或医院验光后并不会保存检查数据，多数消费者不明白每项数据所对应的检查项目及指标含义。为了解决这个问题，眼镜店推出了对用户视力检测数据进行大数据分析和解读的机器人，通过系统传输到消费者手机微信端，形成个人视力病例。

除此之外，还推出了健康筛查仪，对眼睛进行全面评估。形成的报告内容包括：双眼度数，昼夜视差，有无视疲劳，有无患圆锥角膜、白内障、青光眼等眼病的风险，角膜可配什么样的隐形眼镜以及是否适宜做近视手术等。

如今，走入眼镜店基本可以做完眼部疾病的初步筛查。

（2）人工智能减少保险欺诈

对保险公司来说，欺诈性的保险索赔是一个成本很高的问题。但是，采用大量的人力来筛选保险索赔和识别欺诈，只会增加保险公司的成本。使用人工智能和机器学习来消除更多的欺诈性索赔，建立多险种的智能化反欺诈系统，充分发挥大数据、人工智能、云计算等技术优势，就能为保险业欺诈风险的分析和预警监测提供支持，让风险降到最低。

此外，人工智能还进入了保险行业的客服领域。调查显示，74%的受访者表示，他们已经准备好接受计算机生成的保险建议了。

（3）颠覆金融行业的人工智能

与许多行业不同，金融业多年来一直都产生并保存了丰富的数据。而且，由于银行和财务记录的严格一致性，采用人工智能技术就非常理想。有了这些数据，利用机器学习来简化常见的财务问题，比如：风险管理、贷款批准、投资组合创造等。

金融行业，利用人工智能，还有很大的创新空间。比如，可以将个体客户的特征与市场数据进行实时比较，在风险评估、客户分析和产品推荐中加入更多的因素。

第三节 "智能+"助推产业转型升级

2016年3月人工智能AlphaGo战胜世界围棋冠军、职业九段棋手李世石,引发了世人对"人工智能"的关注。人们惊奇地发现,人工智能已经在不知不觉中成长,其学习能力和智能化程度远超人们的想象。

在社会各领域,越来越多的人工智能技术被施以应用,深刻改变了产业形态,推动着产业的转型升级。

经历漫长的技术研发、算法培育和算力提升,人工智能产业正迎来应用的快速增长期。智能制造、智能交通、智能商贸、智能医疗、智能教育……在人们能够想到的任何行业里,几乎都能看到人工智能的踪影。

数字化能够从根本上改变行业、公司以及个人的生活。人工智能是向前迈出的又一步,使得这些变化成为可能。

1. 产业的转型和升级

借用人工智能技术,企业可以实现自己的转型和升级。当然,这里的转型升级共包括两方面的内容:一是转型,二是升级。

"转型"。该基本概念最初被应用在数学、医学和语言学领域,之后才延伸到社会学和经济学领域,指的是,由一种经济运行状态转向另一种经济运行状态。

"升级"。指的是,从较低的级别升到较高的级别。

企业的转型升级共包括 3 个维度:包括宏观、中观和微观,即经济转型、产业转型和企业转型。

(1)经济转型

所谓经济转型或经济转轨,指的是,以一种经济运行状态转向另一种经济运行状态。

(2)产业转型

产业转型升级主要表现为:从低附加值转向高附加值,从高能耗高污染转向低能耗低污染,从粗放型转向集约型。

产业结构转型升级中的"转型",其核心是转变经济增长的类型,即把高投入、高消耗、高污染、低产出、低质量、低效益转为低投入、低消耗、低污染、高产出、高质量、高效益;把粗放型转为集约型,而不是单纯地转行业。转行业与转型之间没有必然联系,转了行业未必就能转型,要转型未必就要转行业。

产业结构转型升级中的"升级",既包括产业之间的升级,比如:在整个产业结构中由第一产业占优势比重逐级向第二、第三产业占优势比重演进;也包括产业内的升级,即某一产业内部的加工和再加工程度逐步向纵深化发展,实现技术集约化,不断提高生产效率。

只有正确理解产业结构转型升级的内涵,才能在实践中减少误差。

(3)企业转型

企业转型是指企业的经营方向、运营模式及组织方式、资源配置的整体性转变,是企业重塑竞争优势、提升社会价值、达到新的企业形态的过程。

转型是结构的调整，追求的是质变；升级是质量的变革，重点在于量变。

转型升级复合在一起，构成了适应宏观经济环境、技术发展需求和市场变化而做出的主动调整，既包括产品服务，也包括营销方式、运营体系、财务，以及背后技术的不断演变。转型升级是一个复杂的系统工程。

2. 企业转型升级的类型

企业转型升级，有如下类型：

（1）延伸式转型

企业发展到一定程度时，为了保持业绩的持续增长，满足员工的需要、客户的需要和股东的需要，企业在现有业务的基础上进行延伸。在延伸的过程中，可以沿着市场去延伸，也可以沿着技术去延伸。

（2）聚焦式转型

从大而全、小而全，转化为大而专、小而专。专注于做一类产品，打动部分消费者，成为目标消费者心目中的首选，成为某一个细分市场的佼佼者，这就是典型的隐形冠军思维。

（3）平台式转型

构建内部创业平台，充分激发员工的经营潜能，将企业平台化转变为面向市场的开放性组织。

（4）兼并式转型

有针对性地购买优势企业，为企业打造健康的生态链，兼并其他企业，提高竞争力。

（5）断臂式转型

狠心割离传统思维、模式和产品,一步到位互联网化。

(6)升级式转型

从低端产品为主,转向中高端产品为主。

(7)试错式转型

通过"试验田",降低整体转型的风险。

(8)差异化转型

从大众化产品,转向小众化产品。

(9)多元化转型

从单一业务转向其他行业或领域。

3. 人工智能将影响产业转型升级

在国家《新一代人工智能发展规划》的政策引领下,以数据为生产要素的新一轮产业变革正在袭来,人工智能将成为中国产业升级和经济转型的主要动力。伴随着移动互联网、大数据、人工智能技术的快速崛起,智慧城市、智能制造、智能金融、智能汽车、智能店铺以及智能购物体验等不断推陈出新,新业态、新物种、新内容、新关系、新理念正在开创智能化的新纪元。

人工智能是对中国产业进化影响最为深远的底层技术,未来将深刻影响产业转型升级。从北上广深到三四五线城市,中国正变成一个巨大的人工智能+产业实验室。人工智能就像水电煤一样,潜移默化地改变、塑造着所有产业。随着人工智能与产业结合的深入,人工智能将在更广泛的场景下,深刻地影响产业转型升级。

人工智能不是一个产业,而是一次全产业的技术革命,从房产到交通、零售、教育、医疗、物流、能源等,人工智能在不断拓宽它的疆界。

目前，创业已经到了一个深度发展的阶段，创业者除了关注消费者和股东之外，还要关注自己所处的产业链、产业关系，用产业升级来引领和推动下一阶段的发展。

第四节 "智能+"生活方便你我

近年来,人工智能不再局限于科技领域与商业应用,越来越多的人工智能产品落地开花,走入了人们的日常生活,为人们的衣食住行带来了便利。

在北京国际图书城,"新华生活+24小时无人智慧书店"是北京首家24小时无人值守的智慧书店。该书店占地30平方米,从读者刷脸扫码进门,到挑选商品,再到机器人扫码结算、读者离开,所有环节都没人监督。

在上海松江,出现了全球首个无人驾驶清洁车。从表面上看,与普通的环卫清洁车没有太大区别,但每天凌晨,车会启动自动苏醒作业,从停车位缓慢出发进行清扫。车头、车身等装有许多传感器,车辆在运行过程中能感知到自己所在的位置,能够对红绿灯进行识别,遇到障碍物、路人时能够自动绕开。

同样是在上海,国内首家"无人银行"正式启用。走进这家银行,机器人"大堂经理"就会主动接待,通过"自然语言交流系统"与客户交流互动,引导客户进入不同的服务区域。90%以上现金及非现金业务都能在无人银行通过机器办理,贵宾客户还可以享受"1对1"专线在线视频咨询服务。

郑州铁路车站,机器人警察帮助警察维护治安,该机器人警察可以通过人脸识别技术,在人群中识别犯罪嫌疑人,协助民警抓捕逃犯。如果迷路了,还可以向它咨询。此外,还可以监测空气质量、湿度和温度。

衣食住行、医疗健康、工作、教育、娱乐等琐碎又真实的日常构成了生活的基本元素。在人工智能技术的助力下,人们的生活方式会变得越来越简单。

1. 人工智能为生活带来便利

在网络快速发展的时代,事物与事物的连接、人与人的连接、人与物的连接,越来越紧密,越来越快捷,人工智能慢慢地进入我们的生活中,带来一场效率革命。

(1)机器人和智能家居

智能互联家居在现实生活中应用广泛,能够帮助人们对生活环境进行智能调控,对房屋进行安全监测、危险预警等,减少了煤气泄漏、房屋被盗的风险。很多机器人都采用了人工智能技术,例如,智能扫地机器人,会运用自带的传感器扫描垃圾,自动打扫卫生,相当智能。还有一种叫作陪伴机器人,能够为孩子唱歌、讲笑话、教孩子读书等。家居系统中有智能电视、智能门锁、智能空调等,都采用了人工智能的技术,且越来越人性化。

(2)越来越快的物流

购物之后,快递越来越快,背后就是智能的仓储物流系统。商家的货物不是自己发,而是将商品放在仓储中心,用户下单之后,人工智能会自动分发货物,将相应的货物分往客户所处的区域栏。物流车每天按时发车,将货物运往预定好的地区。

(3) 无人驾驶

在我们的日常生活中，高铁、地铁、飞机等已能够采用无人驾驶技术，只不过这些都是有条件地在驾驶，都是有限定的铁路或航道等。无人驾驶汽车技术发展很迅速，有些汽车已经研究出来，只不过缺少智能技术，无法普及所有的地方。

(4) 打车服务

日常生活中，很多人都会使用打车软件，预订成功之后，很短的时间内车就能到达。因为叫车软件系统有智能检测，会自动进行评估和测距。将你的位置发送给车主，车主就会在最短的时间内赶到你的位置。

(5) 人脸识别

人脸识别被运用于多个领域，比如：支付系统或金融系统的人脸识别，能给人带来安全保障；此外还有，高铁进站的人脸识别，酒店以及安防系统，还有生活中的门锁等，人工智能技术慢慢成熟。

(6) 个人助理

如今几乎每个智能手机中都会用到手机助手，比如：苹果手机中的Siri、三星手机中的Bixby、小米中的小爱同学、谷歌助手等，运用的都是语音识别技术，执行你所发出的任务。

2. 人工智能的未来应用

如今，人工智能在社会的应用也越来越广泛，在教育、医疗健康、交通出行、家庭家居、公共安全、手机及互联网娱乐等领域都有长足的发展。

(1) 医疗健康领域

在医疗健康领域，人工智能能够帮助医院对医疗资源进行整合并合理分配，减少资源的不必要浪费。如今，医院都会给每位患者建立一份完整的电子医疗档案，患者在就医过程中就能向医生提供一份完善清晰的检查报告，避免医生的重复性工作；通过人工智能技术对医疗影像的分析，还能帮助医生进行综合性判断，增加确诊率。

医疗机器人可以帮助医生提高手术精度，提高手术成功率；人们还可以通过人工智能进行身体健康管理，对健康状态进行全方位的监测，对身体健康实现全方位的管理。

（2）教育领域

人工智能自适应教育以来已经切入老师的教学及学生的学习生活，根据用户的使用习惯及课程选择，自动进行学习路径规划，推送相关的学习内容，对用户在学习中欠缺的部分进行统计分析，安排合适的学习进度，能够为用户创造一个更加个性化、针对性较强的智能高效的学习环境。相关应用服务有：拍照智能搜题、组卷阅卷、分层排课等。

（3）公共安全领域

人脸、指纹、虹膜等生物特征的识别和大数据的结合，通过实时监测，运用人工智能，就能加强公安系统的管理和安全预测。由大数据和人工智能构建起来的智慧城市工程，可以对城市公共安全领域进行从局部到整体的改造，让我们的生活更加安全舒适。

（4）手机及互联网娱乐领域

接触最多的人工智能的应用来自于手机及互联网。手机的语音助手、实时翻译功能、图片文字智能识别提取、听歌识曲、刷脸解锁、拍照优化、相册分类、影像处理、AR特效、VR游戏等，都不同程度地应用到了人工智能技术。

（5）交通出行领域

共享单车、共享电车、共享汽车方便了出行，也大大降低了出行成本。智能辅助驾驶系统，可以帮助人们安全驾驶，减少驾驶事故，让出行更安全。

第五节 "智能+"助力新模式新业态发展

近年来,大数据、云计算、新一代信息技术已经成为先进商业企业运营的标配。智慧商业成为新的发展趋势,众多商业企业纷纷布局其商业智能版图。其中,人工智能在越来越多的商业领域得到了广泛使用。

中国的人工智能市场已经进入了快速增长期。艾媒咨询数据显示,中国人工智能产业规模于2016年已经超过100亿元,2017年产业规模达到152.10亿元,2019年增长到344.30亿元。

2017年以来,国内各类商业企业加快发展智慧商业,人工智能的应用迅速扩大,推动着未来商业现代化的发展。

1. 智慧商业高速发展

2017年以来,一些商业企业纷纷布局全自动化的无人商店。

2017年6月,无人便利店品牌"缤果盒子"正式投入商用。这是缤果盒子与欧尚集团在上海合作开设的首家无人便利店。顾客进入店内,先扫描门上的微信QR码,然后就能自助完成购物和付款的整个流程。同年9月,缤果盒子提出了人工智能革新方案,推出了新收银台,可以使用图像识别、超声波、传感器等多重交叉验证,准确率超过99.9%;新的"动态货架",可以通过摄像头捕捉更多用户信息。同时,动态货架上还安装了专用的显示设备,可以根据需要随时修改商品价格。

2017年7月在淘宝造物节上,阿里巴巴展示了淘咖啡无人零售店,顾客可以随意拿起想买的商品,或通过店内的语音识别系统订购;离开时,入口处的系统会自动检测到顾客选择的商品,并进行自动化电子划账结算。

2017年11月11日,苏宁易购分别于北京、重庆和徐州三地开设了三家苏宁易购Biu无人店,主要售卖体育产品以及生活用品。这些店最大的卖点是全程实现刷脸购物,消费者刷脸进店选购商品后,以正常步行速度通过付款通道,就能成功付款。

2. 购物过程更智能化

当前,实体店纷纷使用先进科技提升顾客体验。

2017年7月,优衣库在北京、上海、广东、天津、福建等地的100家店铺推出"智能买手"。智能买手是一个内置感应系统,可以展示新品、优惠信息和推荐搭配,可以进行互动的智能屏幕。通过这个智能系统,可以帮助顾客更有效地找到产品。

2017年9月,肯德基中国与蚂蚁金服合作,在杭州分店"KPro"餐厅推出了一项新服务——人工智能技术面部识别功能。顾客通过虚拟菜单下单后,就能在付款页面选择"面部扫描"进行付款。整个过程不到10秒钟。

2017年10月,苏宁易购旗下的互联网门店投入使用机器人"旺宝",主要为用户提供购物服务和数据管理。借助人工智能、自主运动规划、大数据等技术,识别消费者身份,根据顾客个性化需求及其消费数据,开展相匹配的商品营销和其他服务,再同步将线下数据传至线上。

3. 库存管理得以优化

使用人工智能强大的数据收集和分析能力，企业就能准确预测不同因素对存货量的影响，包括：顾客需求变化、天气改变、折扣活动等，更有效地改善库存，更好地控制成本。

2017年10月，京东在上海建成全球首个全流程无人仓，从入库、存储到包装、分拣，实现全流程、全系统的智能化和无人化。京东无人仓正式运营后，其日处理订单将超过20万单。

人工智能给商业活动带来了不少便利，也使企业运营提高了效率和效益。然而，目前人工智能技术也面临一些问题。

首先，人工智能尚处于初步运用阶段，企业需要累积经验，才能真正体验并充分发掘人工智能所带来的优势。

其次，使用人工智能产品的初始资金投入很大，再加上该项技术迭代更新快速，会让企业存在成本增加与技术过时的风险。

最后，人工智能的应用还存在一定的隐忧，例如：大量中低技能的工作岗位将会被机器所取代，造成失业人员增加，容易造成个人资料及数据被窃取、外泄等问题。

可是，即便如此，国内有关人工智能的智慧商业活动仍如雨后春笋般不断涌现。

4."智能+"赋能新物流

仓库存储与配货是物流行业的第一步，京东"亚洲一号"里的"小红人"可以实现井然有序地进行取货、扫码、运输、投货；机器人能够精准测量商品的体积和重量；数以万计的商品由机器人和机器臂完成入库和出库。跟传统仓库比起来，智能仓库平均处理订单量更大，存储效率更高，拣选速度更快。

除了无人仓库，无人配送也是智能物流的重要一环。无人配送，能够提升物流效率，满足了用户个性配送化的需求，解决了末端配送的最后一公里。如今，多个物流公司已经研发出末端物流配送机器人、配送无人机和无人快递车等产品。无人快递车已经陆续在陕西、江苏、青海等多地尝试配送。

5. 为多行业赋予新功能

除了智能制造方向上的可喜进展外，还涌现出了互联网汽车、网络化协同制造、个性化定制、智能制造、服务型制造等新模式新业态，为多个行业发展赋予了新动能。比如：

在医疗领域，可以通过智能语音交互技术对医院临床业务进行流程再造，这减轻了医生文书的压力，提高了医生的工作效率；利用智能影像识别技术辅助医生阅片，提高了放射科医生的工作效率，降低了阅片的漏诊率。

在教育领域，可以应用人工智能技术辅助教师自动批改口语、填空、简答、作文等题目，并为学生提供个性化分层作业和课后学习内容，大幅减少学生重复练习的时间进而减轻学生的课业负担。

5G时代，万物联网。人工智能将渗透到生产生活的方方面面，催生出智能物流、智能医疗、智能材料等众多新兴产业，大幅提高社会效率。

第五章
企业智能转型的维度

　　传统企业的智能转型，维度共有四个：一是客户群的重新界定。生活在智能时代的年轻人更喜欢新、奇、异的东西，要想吸引消费者，就要将这部分人群的注意力吸引过来。二是环境分析。如今的社会大环境已经发生巨大改变，企业的转型升级，离不开对环境的分析和适应。三是商业模式创新。商业模式其实就是企业如何赚钱。企业赚钱的方式有很多，但要学会创新，不能生搬硬套。四是价值体系的再造。

第一节 重新划分客户群

客户是一个企业智能转型的核心，只有明确了客户，企业才能成功转型。

今天是一个产品过剩的时代，企业的发展离不开客户，要把客户按照不同的功能、不同的人群，做重新的细分或者区分。没有客户细分，就没有差异化，客户细分是商业模式中最重要的。

概括起来，客户细分可以划分成如下的几个细分市场：

1. 大众市场

比如，某款手机，大人、老人、小孩都可以用，就应该是大众市场消费电子产品。这类市场，面临一个重要的节点是价格战或折扣战。

2. 小众市场

小众市场就意味着，产品或服务为满足一小部分人群，某种或某一类特定的需求，进行的客户细分。小众市场需要有差异化，需要重新对客户进行归类。

3. 细分市场

把小众市场再进行更细化的切分，切成多个小众市场。细分市场，可以从下面几点来区分：

（1）按照地理位置

满足城市、农村、一线城市、二线城市某一个特殊的人群，是按照地理位置来进行区分的。是发达国家、贫穷国家，还是发展中国家等，是从国家的层面进行区分的。

（2）按照人口特征

举例，根据年龄、收入、婚姻、家庭情况等来进行细分。某种产品满足的是6～12岁的孩子，还是55～65岁退休的老人。

（3）按照使用的行为

可以根据使用的场合、使用的行为来进行市场细分。使用的行为包含：使用的数量、费用支出、购买的渠道。比如，互联网的渠道、传统的商店渠道等。

（4）按照利润的潜力

根据企业利润的最后潜力有多大进行区分。这里包括：客户获得的成本、服务成本。

（5）根据价值观和生活方式

城市中，有些人喜欢小资，有些人虚荣心特别的强，有些人在意品质生活……每个人有每个人不同的价值观和取向。把有相同或相似的这种价值观或者是生活方式的人聚在一起，就形成了一个新的细分市场。比如：瑞幸咖啡，面对的是30～39岁的城市白领，他们喜欢小资生活，喜欢有品位的生活，这就是根据用户的价值观和生活方式做出的市场细分。

（6）按照需求动机

有些人买东西是为了品牌，觉得使用品牌的东西很有面子；有些人觉得买这个东西，显得自己有地位。此外，有些在意服务的本身，有些在意质量的本身，有些在意产品或服务的设计风格，有些在意它的功能本身……这就是从需求的动机来进行市场细分。

（7）按照使用产品服务的态度

根据产品的类别或对渠道的看法进行划分，比如：有人就喜欢网上购物，有人喜欢在全球化大卖场消费。用户对渠道的态度决定了能够形成新一波市场细分。

（8）按照使用的场合

也有根据使用时间来做区分的，在什么时间什么地方来使用，比如：化妆品的早霜、晚霜等。

第二节　进行环境分析

企业环境分析是指，与企业生产经营有关的所有因素的总和，可以分为外部环境和内部环境。

企业外部环境，是影响企业生存和发展各种外部因素的总和；企业内部环境，是企业内部物质和文化因素的总和。

企业与环境之间存在着密切的联系：一方面，环境是企业赖以生存的基础，企业经营的一切要素都要从外部环境中获取，如人力、材料、能源、资金、技术、信息等，没有这些要素，企业的生产经营活动就无法进行。另一方面，企业的产品也必须通过外部市场进行营销，没有市场，企业的产品就无法得到社会承认，也就无法生存和发展。同时，环境能给企业带来机遇，也会造成威胁。

1. 企业外部环境分析

企业外部环境又分为宏观环境因素和微观环境因素。宏观环境因素包括：政治环境、经济环境、技术环境、社会文化环境。这些因素对企业及其微观环境的影响力较大，一般都是通过微观环境间接对企业产生影响的；微观环境因素，包括市场需求、竞争环境、资源环境等，涉及行业性质、竞争者状况、消费者等多种因素，这些因素会直接影响企业的生产经营活动。

（1）宏观环境分析

宏观环境一般包括四类因素：政治、经济、技术、社会文化。还有自然环境，即一个企业所在地区或市场的地理、气候、资源分布、生态环境等因素。

①政治环境。指那些影响和制约企业的政治要素和法律系统，以及其运行状态，具体包括：国家政治制度、政治军事形势、方针政策、法律法令法规及执法体系等因素。国家的政策法规对企业生产经营活动具有控制、调节作用，相同的政策法规给不同的企业可能会带来不同的机会或制约。在稳定的政治环境中，企业能够通过公平竞争获取正当权益，获得生存和发展。

②经济环境。指构成企业生存和发展的社会经济状况及国家的经济政策，具体包括：社会经济制度、经济结构、宏观经济政策、经济发展水平以及未来的经济走势等。其中，重点分析的内容有宏观经济形势、行业经济环境、市场及其竞争状况。衡量经济环境的指标有：国民生产总值、国民收入、就业水平、物价水平、消费支出分配规模、国际收支状况，以及利率、通货供应量、政府支出、汇率等国家财政货币政策。

③技术环境。指与本企业有关的科学技术的现有水平、发展趋势和发展速度，以及国家科技体制、科技政策等，比如：科技研究的领域、科技成果的门类分布及先进程度、科技研究与开发的实力等。在知识经济兴起和科技迅速发展的情况下，技术环境对企业的影响可能是创造性的，也可能是破坏性的，企业必须预见这些新技术带来的变化，采取相应的措施。

④社会文化环境。指企业所处地区的社会结构、风俗习惯、宗教信仰、价值观念、行为规范、生活方式、文化水平、人口规模与地理分布等因素的形成与变动。社会文化环境对企业的生产经营有着潜移默化的影

响，比如：文化水平会影响人们的需求层次；风俗习惯和宗教信仰可能抵制或禁止企业某些活动的进行；人口规模与地理分布会影响产品的社会需求与消费等。

（2）微观环境分析

微观环境是企业生存与发展的具体环境。与宏观环境相比微观环境因素能够更直接地给一个企业提供更为有用的信息，同时也更容易被企业所识别。

2. 企业内部环境分析

企业内部环境包括企业的物质环境和文化环境，反映了企业所拥有的客观物质条件和工作状况以及企业的综合能力，是企业系统运转的内部基础。因此，企业内部环境分析也可称为企业内部条件分析，可以掌握企业的实力现状，找出影响企业生产经营的关键因素，辨别企业的优势和劣势，找到外部发展机会，确定企业战略。

如果说外部环境给企业提供了可以利用的机会，那么内部条件则是抓住和利用这种机会的关键。只有在内外环境都适宜的情况下，企业才能健康发展。

（1）企业文化分析

企业文化分析主要是分析企业文化的现状、特点以及它对企业活动的影响。企业文化是企业战略制定与成功实施的重要条件和手段，与企业内部物质条件共同组成了企业的内部约束力量，是企业环境分析的重要内容。

（2）企业资源分析

企业的任何活动都需要借助一定的资源来进行，企业资源的拥有和利用情况决定着活动的效率和规模。企业资源包括人、财、物、技术、信息等，可以分为有形资源和无形资源两大类。

（3）企业能力分析

企业能力是指企业有效地利用资源的能力。拥有资源不一定能有效运用，企业有效利用资源的能力是企业内部条件分析的重要因素。

第三节 商业模式创新

商业模式创新是改变企业价值创造的基本逻辑，有利于提升顾客价值和企业竞争力。它既包括多个商业模式构成要素的变化，也包括要素间关系或者动力机制的变化。

1. 商业模式的三种创新

（1）基于价值活动的商业模式创新

这种创新的关注点是价值活动的定位、设计与匹配。具体讲，有三种创新策略可供选择：

①重组价值链。通过对产业价值链进行创造性重组，创造出新的商业模式。比如，19世纪美国Swift公司对肉品包装产业的再造就是此类商业模式创新的早期典范。该公司打破产业原有的"活畜运输—屠宰—销售"的价值活动组织顺序，采取了"屠宰—运输—销售"模式，获得了生产和运输活动的显著规模经济性。

②构造独特的价值活动体系。价值活动体系能够把企业所从事的主要价值活动以一种相互联系的系统图来展示，更加直观地展示不同活动的主次及关联关系。

③价值链上的新定位。通过专注于价值链上的某些活动（通常是高利润的活动），将其余活动外包出去，实现商业模式的创新。

（2）基于资源能力的商业模式创新

这种商业模式创新重在新资源的发掘和利用，或充分挖掘现有资源的潜在价值，建立起竞争优势。

①创造性地利用现有资源。采取这一模式的最新案例是麦当劳开发的麦乐送业务。麦当劳发现，高峰时段，店内人满为患，所有座位都被顾客占用，很多人在柜台前等候；同时，后厨食品加工设备和企业供应链管理体系，似乎并没有完全发挥最大价值。麦当劳重新审视了这些资源的潜在价值，通过400送餐电话将现有资源用新的方式结合在一起，开发了麦乐送业务。

②围绕新资源构建商业模式。新资源为公司创造新的顾客价值提供了潜力，能够将新资源的潜力释放出来。

（3）基于价值网络的商业模式创新

这种创新的重点在于打造独特的价值网络，设计各种交易机制将企业自身与价值创造伙伴有机联系起来，形成价值创造的合力。

①打造交易的平台或桥梁。例如，eBay公司提供网上拍卖交易，为超过1.35亿的注册用户提供服务。消费者能够方便地从eBay购买或销售从芭比娃娃到二手车范围内成千上万的产品，eBay的商业模式把原来不可能实现的交易变成了现实。

②成为交易的中介。中介的功能在于促成某些交易的实现。在创新动力的商业模式中，方案提供者是关键的价值网络伙伴，网络规模太小或质量太低，都会显著降低公司服务的价值性。

2. 创新商业模式的方法

企业的智能转型，需要设计新的利益交易机制和新的商业模式。如何跳出传统思维的局限，创造一套颇具创意、令人兴奋而又切实可行的新商业模式呢？

（1）从改变满足客户需求的方式入手

同样的需求，采用不同的满足方式，会直接导致商业模式的异同。比如，同样是满足喝豆浆的需求，永和大王是怎样提供和满足的？九阳豆浆又是如何提供和满足的？永和大王通过餐饮连锁模式现磨现卖提供给顾客，而九阳豆浆则是以向顾客提供豆浆机的方式让其自己制作豆浆。两种不同的满足和提供方式，导致了两种不同的商业模式，甚至进入了不同的行业和领域。

可见，企业在满足客户需求时从不同的满足方式着手，改变传统的提供方式，寻找一种新的满足方式，就有可能给正在期望或有潜在需求的客户带来意外惊喜，最终引发新需求的快速增长，催生新的商业模式。

（2）打破行业边界，重新定义客户

现实中，很少有人知道，雅戈尔、凡客诚品是哪个行业？苏宁、国美与京东又是哪个行业？商业模式的创新会打破行业的边界，会用另一种行业运作规律在本行业玩。

苏宁、国美属于家电商贸流通行业，通过连锁的商业模式获得巨大成功；京东没有一间店铺，凭借虚拟的互联网横空出世，直击偏好网购的客户，用互联网行业的运作规律直逼两大家电巨头，远远跳开传统店面卖场模式，获得了巨大成功。可见，打破行业的边界也是新经济力量下商业模式创新的一大路径。

（3）从利益相关方入手

有时候企业商业模式创新，仅从客户角度入手，很难突破；站在行业的价值链上来思考，也可能一筹莫展。企业家及其高管通过对商业模式创新，来改变企业命运和前途，思维一度陷入僵局，情绪也会低落，自然也就无法找到出路。这时，完全可以尝试从利益相关方入手。比如：它的痛点在哪儿？它的深层次需求是什么？如何降低交易成本？交易关系能否转变？是否有新的利益保护机制？从利益相关方的角度去打开、去透视，就能发现另一片绚丽的天空。

（4）从改变企业价值生存方式入手

改变企业价值生存方式，不仅适合产品竞争激烈的行业，也适合新技术新产品的行业。新产品最初推向市场时，研发成本高，价格高，消费者难以接受或对新产品没有足够的信心，造成买卖双方信息严重不对称，从而形成市场推广成本高、效益低的局面。因此，为了出现柳暗花明的景象，就要改变企业价值生存方式，降低客户购买成本，转变盈利来源和成本摊销方式，降低客户使用的风险。

（5）从行规造成客户的痛苦入手

深挖本行业行规给现有客户带来的痛苦，并想方法去满足这些痛苦级的需求，或减轻、降低这些痛苦，就能提出新的价值主张，必然会先人一步，升级为领先的商业模式。

第四节　价值体系再造

企业的智能转型升级，离不开企业价值体系的再造。

价值主张是一个顾客选择企业而不选择其他企业产品服务的重要原因，可以把价值主张分成 11 类：

1. 品牌地位

今天是一个品牌的时代。有些人喜欢买奔驰和宝马，为什么不去买大众桑塔纳？因为开奔驰更有面子和地位。它的品牌更大，品牌背后意味着所谓的身份的象征，某种虚荣心的满足。所以，品牌地位也是价值主张一个非常重要的基点。构建自己的品牌体系，就能满足顾客对身份和品牌的一种追求。今天，很多企业的产品和服务，就是通过文化和搭配新的元素来提升品牌价值的。

2. 创新

创新是企业生存的根本，只有敢于创新，企业才能得到更好的发展。被细分的客户，一般都很在意创新的服务和创新的产品。比如，苹果手机，刚推出来这种滑动的触屏方式，就是一种非常好的创新，用 APP 改变手机的功能，受到了市场的热烈欢迎，这就是创新所带来的价值主张。

3. 设计

完美精良的设计可以成为价值主张的核心要素，比如，手机的外观、汽车的外观。设计精良、设计优美或设计时尚都会成为价值主张的一个重要点。有人买车就是为了外观好看，有人是为了功能好，也有人是为了舒适方便。所以，选择外观设计的人，价值主张就是设计。

4. 服务

现在的消费者越来越注重服务的品质，有些人甚至还提出了保姆式的全方位服务。比如，有人帮你的买卖交易进行全程代办，就是一种全方位的服务；买房子的时候，可以委托中介全程代办。这是一种全方位服务，也满足了顾客省时省事怕麻烦的价值主张。

5. 成本

帮助顾客来节约成本、降低成本，也是很重要的一个价值主张。通过某一种服务，帮助顾客降低购买交易的时间成本、金钱成本，在互联网时代尤为重要。因此，去掉中间环节，降低顾客购买所谓商品服务的成本，也是很重要的一个价值主张。

6. 便利性

手机软件提供音乐下载，大家觉得非常方便，想听歌曲，再也不用像以前那样到商店去买光盘，也不用在电脑上费劲下载，在手机上就能方便下载，这就是便利性。当然，除了便利性，东西质量很好，但不实用，也不行。

7. 价格

某些客户细分的人群非常在意价格，比如：大众点评和美团网等，他们都是靠低价格来满足消费者对日常消费的需求。再如：联邦快递、沃尔玛天天低价，都是通过价格来满足消费者对商品的物美价廉需求的。

8. 风险控制

如何帮助顾客降低控制风险，降低使用的风险、未来的风险，也是很重要的一个价值主张。比如，购买汽车通常说免费三年的保养、免费五年的保养、维修多少公里等，都是为了降低后面用车的使用风险。

9. 定制

定制是近几年流行的一个词，随着消费者越来越理性、越来越追求个性化、体验化，定制被越来越多的人或企业当成价值主张核心的点。比如：银行理财服务、私人理财服务就是定制。

10. 性能

性能是一个老生常谈的问题。比如，空调性能的卖点，有的是静音，有的是省电；瓜子二手车直卖网卖点是，没有中间商赚差价。这些都是站在性能角度来谈价值主张的。

11. 可获得性

购买一种产品或者服务，如何能更好地得到？生产一个商品和提供服务不能高高在上，应考虑顾客的方便性，要让顾客感受到它的价值。

第六章
人工智能战略的制定

人工智能战略的制定不可能一蹴而就,需要综合考虑企业的价值基点、产品创新、人才创新、能力创新、格局构建等内容,忽视了任何一个方面,战略就是不完美的,更无法得到有效实施。人工智能的制定,需要集合人类的智慧,它是人类智慧的结晶。

第一节 传统企业的价值基点

企业价值基点是指，在企业价值创造过程中起基础和核心作用的相关活动或因素。如果把企业价值创造系统比作一棵大树，那价值基点就是大树的根。人工智能战略的制定，离不开企业价值基点的明确。

1. 企业价值基点的特征

企业价值基点，共有如下几个方面的特征：

（1）动态性

企业价值基点有时是以一定的市场资源条件存在为条件的，当相关条件发生变化时，企业价值基点就可能发生变化。比如：在证券市场繁荣的条件下，公司的证券业务将可能是企业的价值基点。当相关因素发生变化，证券市场呈萧条状态时，证券业务就可能是花钱不赚钱的业务。

（2）广泛性

企业价值基点存在于一切企业价值创造活动中，没有企业价值基点的企业，价值创造活动是不能长期存在的，因为活动本身缺乏存在的基础。但区别于平时讲的"核心竞争力"，核心竞争力存在于有竞争力的竞争性价值创造活动中，是部分企业或其他主体存有的能量。

（3）内在性

企业价值基点的表达形式是企业可以控制的存在状态，任何外在的不可控存在状态，都不能表达为企业价值基点，否则，就会少了现实的操作意义。比如，地震是否发生直接关系企业的存在，但地震发生与否是企业无法控制的，不宜表达为企业价值基点。

（4）多样性

企业价值基点存在的形式是多种多样的，包括：企业规模、技术、资源、管理活动等，这区别于企业的"主营业务"。"主营业务"是价值基点运作的结果，是用业务量来衡量的；企业价值基点是由相关活动和因素在价值创造中的作用力决定的。

（5）必要性

企业价值基点是价值创造保持水平和向高水平提升的必要条件，不是充分条件。有时，企业价值基点需要借助一定的辅助条件，才能充分发挥其基础作用。比如：一个历史悠久的品牌企业，如果管理水平跟不上，就可能衰败。

（6）主导性

主导性是企业价值基点的功能特征，价值创造过程是系列环节、多重角度、数层结构组成的，企业价值基点对关联环节、不同角度、特定结构有着一定的支撑发动作用。

（7）价值性

价值性是企业价值基点的本质特征，体现了企业价值创造主体活动的性质，也体现了研究分析的角度，即从价值创造和价值管理的角度来认识它。

2. 企业价值基点的维护原则

企业价值基点的维护是一个大的系统工程，具体到不同企业的价值基点，会涉及不同方法和不同程序，但总的原则必须遵循。

（1）战略与战术实施相结合

企业生存是一个长期问题、全局问题，是企业根据内外环境选择合适方向的问题。企业应该从战略高度审视、规划、决策、解决这一问题。但战略的实施需要战术配合，战术不漂亮，也就没有好的战略实施结果。

而且，在市场经济日益发达的今天，竞争异常激烈，外在环境变化越来越快，生存稳定性越来越差，企业时刻面临事关生死存亡的经营风险。在企业生存问题还没解决之前，企业经营思路、战术安排等都要立足于先生存后发展、先战术后战略的原则。

（2）生存原则

生存是硬道理，所有工作的开展前提和保证是企业价值创造系统存在。经济不景气时，生存就是为了将来更好地发展；经济景气时，生存就能共享时代成果。但求生存不代表求落后，不能产生更优效益的生存不是企业追求的生存，企业有更好项目时，在符合风险收益对称的条件下，也可以积极争取；求生存不代表负效益生存，如果企业已经亏损，预期未来不会有转机的可能，企业此时的生存状态也不是应该追求的生存。

（3）企业价值最大化

企业价值基点维护保证着企业价值创造系统的存在，但我们不能被动适应，应该积极追求，在发展中求生存，在进取中护成果。就像踢足球，要想取胜，要想在比赛中不被淘汰，被动防守、一味保护，成效欠佳，只有伺机进攻，在保护中进取，才能在激烈的比赛中获胜。

（4）顾客价值最大化

企业价值的实现受顾客价值、投资者价值、社会价值、员工价值等影响，而顾客价值是企业价值实现的前提。企业没有顾客，就无法生存，所以在以顾客价值最大化为导向的前提下,要充分考虑多方主体价值,将企业价值真正落到实处。

3. 建立企业价值基点披露体系

(1) 企业价值基点的核算内容

将企业价值基点纳入会计核算范畴,会极大地丰富会计内容。主要包括如下几个方面:

①借鉴吸收战略管理会计、人力资源会计、社会责任会计、资源与环境会计等新的会计分支理论,技术报告、市场调查报告、产业报告等业务报告方法与风险管理、预警信息系统设计与维护等方面的模型与程序。

②核算主营业务收入、主营业务成本、无形资产、商誉等要素,关注重大事项、关联交易的效果及效益。

③有效预测未来,对企业价值基点外在环境进行有效跟踪、预测,从战略层面动态把握价值基点的发展趋势,并在财务层面做出评估。

(2) 反映企业价值基点的指标体系

企业要综合企业内外的财务和非财务信息,按一定的识别标准,采用系统的定量指标和定性描述,对企业价值基点进行概括和说明。因此,指标体系的建立和完善是反映价值基点状况的关键。

指标的选择应遵循灵敏性、超前性、稳定性和互斥性原则,具体要做到:

①指标要综合敏锐地反映评价对象,不同企业的企业价值基点不同,不能用统一的指标适用于所有企业,否则,就成了反映企业整体能力的指标,而不是反映企业价值基点的指标。

②指标数值要容易计算。

③指标的标准要容易取得，便于核对。

④指标，既要含有正面反映的，也要含有负面反映的。

（3）测量企业价值基点状况的理论模型

如果把指标比作树须，把反映整体企业价值基点状况的模型比作树根的检测仪，那么，用什么检测仪呢？可以引进风险预警模型，包括：多元线性模型、Logit 模型、神经网络模型等。现阶段，模式识别、模糊数学、熵权等理论也被应用于模型的建立。具体运用什么模型，还要看指标评价对象的特征。

（4）企业价值基点的对外披露

企业价值基点是事关企业生存的概念，符合会计核算的重要性要求，要及时让广大利益相关者了解企业价值基点的状况，提供前瞻性信息。此信息包含财务信息和非财务信息，强调过去为维护企业价值基点所进行的努力、目前企业价值基点呈现的状态及与标准之间关系、未来发展的可能趋势。

第二节 智能时代的产品创新

产品创新是指，创造某种新产品或对某一新或老产品的功能进行创新。智能时代，更需要对产品进行创新。

1. 产品创新是个系统工程

企业发展需要经历一个长期的过程，产品创新在该战略中起着关键的作用。产品创新也是一个系统工程，对该系统工程的全方位战略部署是产品创新的战略，包括：选择创新产品、确定创新模式和方式，以及与技术创新等其他方面协调等。

（1）创新产品的选择

以市场竞争为基本出发点的产品创新是市场经济的企业行为，是从市场到市场的全过程。企业究竟生产什么是市场需要与企业优势的"交集"，并以能否取得最大的预期投资回报率为最终选择标准。其关键在于，正确确定目标市场的需要和欲望，且比竞争者更有利、更有效地传递目标市场期望满足的东西。

当然，目标市场的需要和欲望并不只是现在的需求，还包括消费者将来可能产生的需求，甚至包括营销者创造的需求。产品创新以现实或潜在的市场需求为出发点，以技术应用为支撑，开发出差异性的产品或全新的产品，能够满足现实的市场需求，或将潜在的市场激活为一个现实的市场，实现产品的价值，获得利润。

（2）产品的创新模式

根据创新产品进入市场时间的先后，产品创新的模式有率先创新、模仿创新。其中，率先创新是指，依靠自身的努力和探索，产生核心概念或核心技术的突破，并在此基础上完成创新的后续环节，率先实现技术的商品化和市场开拓，向市场推出全新产品。

①老产品的改进型。这些不太新的产品，从本质上说，就是工厂老产品品种的替代。在性能上，它们比老产品有所改进，提供了更多的内在价值。该类新改进的产品，占推出的新产品的26%。

②已有产品品种的补充。这些新产品属于工厂已有产品系列的一部分。对市场来说，它们也许是新产品。此类产品是新产品类型中较多的一类，约占推出的新产品的26%。

③重新定位的产品。适于老产品在新领域的应用，包括：重新定位于一个新市场，或应用于一个不同的领域。此类产品占新产品的7%。

④降低成本的产品。将这些产品称作新产品有点勉强，它们被设计出来替代老产品，并没有改变性能和效用，只是降低了成本。此类产品占新产品的11%。

⑤新产品线。这些产品对市场来说并不新鲜，但对于有些厂家来说是新的。约有20%的新产品归于此类。

⑥全新产品。这类新产品是其他同类产品的第一款，创造了全新的市场，占新产品的10%。

2. 产品的创新途径

（1）内部研发

内部研发是指，企业通过自己的力量来研制新技术，开发新产品。内部研发绝对不是闭门造车，企业的科技能力是通过与相关方合作而长期积累的结果。公司的技术积累的源泉反映了诸如供应商、用户、生产工程以及政府出资的研究等来源的相互依赖性。

①自主创新。自主创新是由企业自己的研究与开发部门发明新产品或对老产品进行改良。很多大企业都设立了自己的科研部门，从事有关产品的基础研究和开发应用，积极顺应市场的新潮流。在全世界各类日用品生产企业中，宝洁公司在产品研究与开发方面的投入首屈一指。公司每年都会投入17亿美元的资金，在全球范围内18个大型研究中心专门从事基础研究、产品开发等工作，平均每年申请专利达2万多项。

②逆向研制。逆向研制属于内部研制的一种形式，也称作技术破解，是指企业对其他公司的产品就性能、构造等内容进行研究，从中破解其制造工艺和技术配方，实现仿制和改进。之所以称之为逆向研制，是因为正常的产品创新是将新的配方和工艺转化为新产品，而技术破解是反其道而行之——从现有的产品中探索其内含的技术成分。

③委托创新。委托创新是指，企业把开发新产品的工作，通过契约的形式交由外部人员或机构去完成。产学研相结合，是国家大力提倡的科技创新方式。对于内部科研人员不足、研究基础薄弱或资源能力较差的中小企业，委托创新是最佳的新产品开发途径。

④联合创新。联合创新是指，企业之间将资金、技术力量等资源联合起来，共同攻克技术难关，共同分享研发成果。对于大型的研发项目，联合创新可以解决单一企业无法实现的技术突破。

（2）外部获取

外部获取是指，企业直接从企业外部获取某种新技术、新工艺的使用权或某种新产品的生产权和销售权。其形式有三种：

①创新引进。创新引进是指，企业直接购买新技术或购买新产品的生产和销售权。在学习和运用的基础上，对引进的技术进行改造，使之更适应本国的生产和市场条件；积累了足够的技术经验后，实现技术和产品创新，创造独立自主的知识产权。

②授权许可。授权许可是指，企业从其他企业获得生产和销售某种产品的许可，这种方式不涉及技术所有权的易手。授权协议通常规定了授权的范围和期限，授权方仍然有权对其他企业发放同样的授权许可。

③企业购并。企业购并是指，企业收购或兼并其他公司的股权，顺理成章地取得对该公司的新技术和新产品的占有权、使用权或控制权。

第三节 智能制造的核心是人才

智能制造是上下游全覆盖、全流程定制化的高科技生产方式，把制造业的生产链条"重装升级"，就能树立未来制造业发展的新标杆，而人才是智能制造的关键。

美国专家 Miller Ingenuity 公司总裁兼 CEO Steven L.Blue 抛出过一个很有趣的观点："我根本不认为智能制造能够拯救美国制造业。"拥有智能化的工厂，从配送到灯光系统，再到自动化 CNC 机床都采用了最新的技术，甚至从订单询价到应收账款也实现了数字化无缝连接，但并不代表已经走上了制造业革命之路。智能制造需要从上层开始，而不是底层；需要从与员工建立新的合约开始；需要从人开始，而不是机器。

许多企业面临的问题是，放弃挖掘员工拥有的惊人潜力，转而采用自动化技术。其实，发展智能制造，仅在工厂信息化、自动化上发力是明显错误的。因为这些企业将员工看成了可牺牲的资产，他们应该做的是：把员工看作一种可再生资源，不断更新续用。

在升级智能制造装备和技术的同时，提升员工的创新思想以及培训新技能相匹配，发挥人才在制造业革新进程中的作用。

1. 人才是智能制造的关键

2013 年，牛津大学曾经对美国 702 种工作进行调查，他们预测未来

10～20年，将有47%的员工的工作岗位会被机器取代；德国政府计划提升自身制造业的智能化水平，建设智慧工厂，不仅实现产品智能，更实现生产流程全智能的4.0工业。

机器真的能替代人吗？NO！因为，归根结底，机器还是由人来控制的。可以想象，20年前，制造业有铣工、钳工等各种工种；而在新的时代，是否会出现"机器人工匠"新工种？是否会出现科幻片中描绘的全智能工厂？想象的基本起点是，未来普遍将是以"人＋机器人"组合的劳动方式呈现，制造业需要更多能够"与机器共舞"的高级技工和高管。不懂得智能制造，将很难配置生产资源。

智能制造并不等于用机器换人。机器人并不能完全替代人工，且智能制造与机器人自身发展离不开专业技术人员，其催生的新产业生态更需要大量劳动力。因此，如果不能形成智能人才支撑，企业就可能跌入转型陷阱：有智能工厂，却没有人操作。

2. 创新型人才是最稀缺的资源

智能制造是上下游全覆盖、全流程定制化的高科技生产方式，把制造业的生产链条"重装升级"，就能树立未来制造业发展的新标杆，提出更高的要求。

人才是智能制造的关键，创新型人才是最稀缺的资源，他们能够创造出新产品、新服务或新商业模式，是市场的主要支配力量。如何供应足量且适宜的人才，满足大量人才"刚需"，是如今最为迫切的难题。

发展智能制造，要从人才培养、观念更新、设备进步、工艺提升、网络配套、环境安全等各方面，实施整体和系统的推进。

在智能制造过程中，虽然可以把它进行系统的集成，但是在关键产品、关键技术、关键工序上严重依赖国外的进口，在实现重大工程、实现产业创新过程当中，更容易受制于人，需要看人家的脸色，将受到严重的安全制约。

在世界智能制造合作高峰论坛上，工信部发布了国家《智能制造发展规划（2016—2020年）》（以下简称《规划》）。《规划》专门提出了十大重点任务，其中之一就是，推进区域智能制造协同发展，打造智能制造人才队伍。

智能制造就是将人、数据和机器连接起来，创新型人才是智能制造这个产业链条中最为关键的一环。智慧的人是智能制造的四大要素之首，互联网从二维度互联网世界向三维度虚拟世界演化，最重要的角色是人的智力资源。

3. 企业智能化的难关在人才

智能制造能让企业实现产品小批量、多品种，生产周期缩短，价格下降，资源更优化、能源效率更高、投资回报率更高，那为什么目前国内90%的中小企业智能化程度依然较低呢？除了智能化升级成本外，企业还有哪些担忧呢？数据显示，近三成受访企业担心现有的基础措施或是人才无法配套、适应这些新的生产流程。机器换掉的不仅仅是出卖体力的简单工人，还有能够独立操作各种智能机器人的工人和维修机器的高级技术人员。

人工智能时代，人在智能制造过程中的角色将由服务者、操作者转变为规划者、协调者、评估者、决策者，不仅需要专业技术人员承担起智能设备的设计、安装、改装、保养等工作，还需要对相关信息物理系统、新型网络组件进行维护。此外，智能生产还要对生产设备模式、框架结构、规章条款不断进行优化，对管理水平的要求比以往高许多。

随着人类在生产制造中的角色和作用的逐渐改变，智能制造对员工专业水平的要求也会越来越高；更加注重技术专业性，熟练工种逐渐减少，能动性岗位越来越多。为了更好地引进智能设备，提高生产效率，企业需要储备和培养更多数据科学、软件开发、硬件工程、测试、运营及营销等方面的人才。

实现智能制造，人才培育要先行。智能化制造的"智"是信息化、数字化，"能"是精益制造的能力，智能化制造最核心的是智能人才的培养，从精益人才的培养到智能人才的培养，这也可能是制造企业面临的最重要的问题。

第四节　构建新型能力

人工智能战略的制定和实施，离不开新型能力的具备。只有提高了自身能力，企业才能在激烈的市场竞争中取胜。目前，从全国各地企业开展两化融合管理体系贯标工作的情况来看，多数企业主要是通过打造以下六大类新型能力来提升企业核心竞争力的。

1. 经营管控类能力

这类能力的打造，主要侧重于：一体化高效经营管控；复杂项目的精细化管控；基于数据分析的智能决策；集团型企业资源集中共享与协同运营。

2. 研发创新类能力

这类能力的打造，主要侧重于：基于客户需求的数字化快速定制研发；产品研发、工艺设计、生产制造一体化；在线、异地协同研发。

3. 用户服务类能力

这类能力的打造，主要侧重于：精准营销；用户互动与敏捷服务；客户订单的快速响应与交付；产品全生命周期追溯。

4. 生产管控类能力

这类能力的打造，主要侧重于：产能平衡与稳定生产；精益生产与敏捷制造；质量、安全、节能、环保的精细化管控。

5. 供应链管理类能力

这类能力的打造，主要侧重于：供应链协同运营；销售、采购、物流、库存、资金的精细化创新管控。

6. 财务管控类能力

这类能力的打造，主要侧重于：财务与业务集成；成本精细化管控；集团型企业财务集中管控。

由此可见，工业化与信息化的融合发展是未来制造业的大势所趋，更是必由之路。企业未来将更多地结合自身实际，大力走两化融合的转型之路。

第五节 竞争格局的构建

人工智能时代,企业竞争格局的构建主要表现为:

1. 生态构建者

关键:以"全产业链生态+场景应用"为突破口。

以互联网公司为主,长期投资基础设施和技术,同时以场景应用作为流量入口,积累应用,成为主导的应用平台,将成为人工智能生态构建者。

其成功关键在于:大量计算能力投入,积累海量优质多维度数据,建立算法平台、通用技术平台和应用平台,以场景应用为入口,积累用户。

2. 技术算法驱动者

关键:以"技术层+场景应用"作为突破口。

以软件公司为主,深耕算法平台和通用技术平台,同时以场景应用作为流量入口,逐渐建立应用平台。

其成功关键在于:深耕算法和通用技术,建立技术优势;以场景应用为入口,积累用户。

3. 应用聚焦者

关键:聚焦场景应用。

场景应用以创业公司和传统行业公司为主，基于场景或行业数据，开发大量细分场景应用。

其成功关键在于：掌握细分市场数据，选择合适的场景构建应用，建立大量多维度的场景应用，抓住用户；与互联网公司合作，有效结合传统商业模式和人工智能。

4. 垂直领域的领先者

关键：聚焦杀手级应用＋逐渐构建垂直领域生态。

杀手级应用＋逐渐构建垂直领域生态，以垂直领域先行者为主，在垂直领域依靠杀手级应用积累大量用户和数据，并深耕该领域的通用技术和算法，成为垂直领域的颠覆者。

其成功关键在于：在应用较广泛且有海量数据的场景能率先推出杀手级应用，积累用户，成为该垂直行业的主导者；通过积累海量数据，逐步向应用平台、通用技术、基础算法拓展。

5. 基础设施提供者

关键：从基础设施切入，并向产业链下游拓展。

从基础设施切入，并向产业链下游拓展。以芯片或硬件等基础设施公司为主，从基础设施切入，提高技术能力，向数据、算法等产业链上游拓展。

其成功关键在于：开发具有智能计算能力的新型芯片，比如：图像、语音识别芯片等，拓展芯片的应用场景；在移动智能设备、大型服务器、无人机（车）、机器人等设备、设施上广泛集成运用，提供更加高效、低成本的运算能力、服务，与相关行业进行深度整合。

第七章
"智能+",万物智能

在人工智能时代,万物智联!制造业、物流、医疗、教育、金融、交通……人工智能有着广阔的发展空间,只要各行业将人工智能充分利用起来,让本行业多一些人工智能的影子,发展就能轻松很多。

AI赋能——人工智能赋能中国企业升级

第一节 "AI+"制造业

作为新一轮全球科技革命和产业变革的核心驱动力,人工智能正在深度改变世界的竞争格局,推动经济社会各领域从数字化、网络化向智能化加速跃升转型。而人工智能与各行业融合创新的真正落地,首先在于制造业的关键技术与设备的智能化。

近年来,各大制造企业为了重塑自身在制造业的全球竞争优势,在各层面高度重视智能制造,并相应启动了一系列针对基于模型的企业、网络物理系统、工业机器人、先进测量与分析、智能制造系统集成等智能制造关键要素的计划和项目,以对"AI+制造"产生的新竞争力形成进行系统支持。

案例1:GE

2011年,GE在硅谷建立了全球软件研发中心,启动了工业互联网的开发,包括平台、应用和数据分析。

2012年11月,GE发布了《工业互联网——冲破思维与机器的边界》报告,将工业互联网称为200年来的"第三波"创新与变革。

2013年,GE投入15亿美元开发工业互联网,发布《工业互联网@工作》报告,对工业互联网项目要开展的工作进行了细化。

2014年3月,GE与思科、IBM和英特尔共同发起成立了工业互联网联盟。

2014年末，GE发布了《2015工业互联网观察报告》，强调了大数据分析在工业互联网中的作用，并针对网络安全、数据孤岛和系统集成等挑战提出了解决思路和行动指南。

案例2：海尔

截至目前，海尔已建成八大互联工厂，能够为行业生产制造环节提供先进样本支持。

海尔牵头成立了行业第一家工业智能研究院，以及全球家电业首个智能制造创新联盟，向整个行业输出制造的标准和模式。

海尔发布了众创汇和海达源两大升级版模块，众创汇用户通过手机端即可与来自全球的设计师、优秀资源进行交互，满足定制需求。海达源打破了传统的采购模式，建立起一个以用户为中心的生态圈，能够帮助更多第三方资源复制智能制造体系，实现生态圈的共创共赢。

这样，海尔智能制造解决方案COSMO平台，满足了用户的个性化定制需求，平台的无缝对接也完成了虚拟设计和实体制造的全面融合。自2015年第二季度开始，海尔互联工厂定制量实现了季度环比连续翻番，在一定程度上显示出了行业的新方向。

1. "AI+制造"本质是追求人机协同

人工智能作为一种信息技术，诞生于20世纪50年代，几乎与计算机同步。60多年来人工智能涉及的技术和派系众多，学界并没有一个明确的定义。对于大多数公众来说，从其发展目的的角度，可以简单将其理解为"与人类一样聪明的人造机器"。

将这个聪明的机器放入制造业中，就能使机器达到甚至超过人类的技术水平，实现企业生产运营效率的提升。这个放入人工智能的智能化过程，与过去制造业追求自动化的过程实际上有本质的差异。

自动化追求的是机器自动生产，本质是机器代替人，强调大规模的机器生产；而智能化追求的是机器的柔性生产，本质是人机协同，强调机器能够自主配合要素变化和人的工作。

因此，"AI+制造"未来所追求的，不是简单粗暴的机器代替人，而是将工业革命以来极度细化、甚至异化的工人流水线工作，重新拉回以人为本的组织模式，即让机器承担更多简单重复甚至危险的工作，而人承担更多管理和创造工作。

2. "AI+制造"必然走向平台模式

制造业是一个庞大的产业，同一个厂房里，可能有好几种来自不同厂家的生产设备，这些设备往往采用各自的技术和数据标准，彼此之间并不能直接连通和交互。不同的工厂乃至不同的制造业企业，差异就更大了。这样的差异使得传统制造业信息化难度大、效率提升有限。

互联网的普及和发展催生了平台模式，平台内信息传播的速度大大增加、交易成本大大降低，有效促进了经济效率的提升。近几年，互联网模式逐渐扩展到了各行各业。对于制造业来说，这个模式就是"工业互联网平台"。

未来"AI+制造"实现的重要基础就是这个平台，由这个平台为产业提供通用的算力、算据和算法能力，推动整个产业的转型升级。数据显示，这三个部分代表的全球工业互联网平台市场规模占整体"AI+制造"的比例，将从2016年的24%增长为2025年的36%，达到2.6千亿美元。

3. "AI+制造"的典型场景

随着人工智能技术在生活领域的快速传播，越来越多来自不同领域的学者及科研人员开始尝试着将制造领域的专有知识注入到人工智能模型，并将其与制造业中的典型软件、系统及平台相集成，形成了一系列融合创新技术、产品与模式。

（1）产品研发注智

美国工业设计软件巨头欧特克推出的产品创新软件平台 Fusion 360 和 Netfabb 3D 打印软件集成了人工智能和机器学习模块，能够理解设计师的需求并掌握造型、结构、材料和加工制造等数字化设计生产要素的性能参数。在系统的智能化指引下，设计师只需要设置期望的尺寸、重量及材料等约束条件即可以由系统自主设计出成百上千种可选方案，大大缩短了产品研发周期。

（2）供应链运营注智

美国多联式运输公司 C.H.Robinson 针对卡车货运的运营需求开发了用于预测价格的机器学习模型，模型中既整合了不同路线货运定价的历史数据，又将天气、交通以及社会经济挑战等实时参数加入其中，为每一次货运交易估算出公平的交易价格，在确保运输任务规划合理的前提下实现了企业利润的最大化。

（3）市场营销注智

美国亚马逊商城基于机器学习模型对用户的购买习惯以及产品的属性进行深度学习，形成了全面的知识图谱，在此基础上向用户进行个性化推荐，也向销售商提供相关的生产与营销建议，这项技术的应用使亚马逊增加了10%～30%的附加利润。

（4）售后运维注智

电梯厂商蒂森克虏伯公司与微软合作，为其旗下24000名技术工人配备了集成人工智能技术的增强现实眼镜，以便在安装、检修电梯设备的时候能够智能化辅助识别现场存在的问题并获得技术支持。业务升级后,技术工人的工作效率得以大幅提升,以往需要2个小时才能解决的问题通常20分钟就能完成。

(5)生产制造注智

日本NEC公司推出的机器视觉检测系统可以逐一检测生产线上的产品,从视觉上判别金属、人工树脂、塑胶等多种材质产品的各类缺陷,从而快速侦测出不合格品并指导生产线进行分拣,在降低人工成本的同时提升了出厂产品的合格率。

(6)产品服务注智

日本的小松机械在生产工程机械的同时也推出了智能化工程服务项目。施工过程中,借助该项目可实现由一队无人机测绘三维地图,然后指导智能机器人控制大型工业车辆作业,帮助用户大幅提高施工效率和品质。

可见,目前人工智能技术向制造领域的渗透在广度及深度方面均在快速推进,对制造业整体发展的支撑效应初显。但是,目前产业界对人工智能的融合应用大多数还处于探索阶段,对部分环节的应用模式还存在较大争议,多数企业仍处于观望状态,距全行业普及应用还有较大距离。

第二节 "AI+"物流供应链

今天,快递物流公司进入了一个全新的转型阶段,引领物流行业这场爆发式裂变的不仅仅是模式和资本,更是人工智能、云计算等新兴技术。在这个物流行业剧变的时代,京东启用无人分拣中心、菜鸟网络用无人机跨海送货、苏宁力推物流云仓……目前,人工智能对物流行业改造成果异常惊人。

1. "AI+物流"的典型企业

（1）菜鸟联盟

菜鸟联盟致力于在现有物流业态的基础上,建立一个开放、共享、社会化的物流基础设施平台。其打造的中国最大机器人仓库在广东惠阳已经投入使用,库内有上百台智能机器人,既要协同合作又要独立运行,代表着中国机器人仓库的最高水平。菜鸟联盟试图在未来努力打造遍布全国的开放式、社会化物流基础设施——"中国智能骨干网",在全国范围内形成一套开放共享的社会化仓储设施网络。同时,利用先进的互联网技术,收发实现智能化,自助收取。

（2）顺丰速运

顺丰目前已经研发出第六代智能终端、智能手环以及机械臂来帮助快递员在完成工作的同时,提高工作效率;通过采用NLP技术等一些自然语言处理的技术,去分析客户对话的意图,把关键信息抽取出来,帮助系统自动辅助客服人员，或自动完成一些操作，从而提供更加个性化的服务；利用人工智能技术将多维度的内部、外部数据结合在一起，建立机器学习模型，帮助做智慧决策。

（3）京东物流

京东比较敏锐地把握了物流快递业的发展趋势，自主研发、整合了在数据驱动、智慧供应链、科技物流三个方面的优势，创建了京东智能物流（JD Smart），目前在全国拥有9个"亚洲一号"智能物流中心。京东的无人分拣中心场内自动化设备覆盖率达到100%，可实现自动供包并对包裹进行扫描，实现及时有效的分拣，智能路径规划、配送过程实时可视，从而大幅度提升物流效率。

（4）亚马逊物流

亚马逊在业界率先使用了大数据、人工智能和云技术进行仓储物流的管理，推出了预测性调拨、跨区域配送、跨国境配送等服务。例如，在中国亚马逊运营中心，最快可以在30分钟之内完成出库、快速拣选、快速包装、分拣整个订单处理。

此外，亚马逊还有一套基于大数据分析的技术用于精准分析客户的需求。当消费者浏览页面时，智能系统就能在几个毫秒内从数百个交付方案中，计算出在承诺时间送达商品的情况下，哪一种发货方式最快捷、客户体验最好，从而动态调配不同仓库的库存，实现高效配送。

2.AI在物流领域的应用

人工智能在物流领域的应用主要包括：

（1）机器人、无人机技术

目前大型物流快递企业已经批量采用机器人、无人机、智能收发设备等。例如蒙牛乳业、可口可乐、珠江啤酒等企业借助机器人技术实现包装码垛作业的自动化；京东物流使用应用智能搬运机器人的全流程无人仓和无人机配送站等。

（2）视觉识别技术

这一技术可用作确定识别到的特征是否能够代表系统已知的一类物体，基于此，可对物流快递包裹进行分拣。还可帮助分拣人员从大量的快递邮件中进行检索和分类，可更为便捷、有效地帮助快递员在非受限环境里操作。

（3）语音识别技术

这一技术可以自动且准确地转录人类的语音。语音识别的主要应用包括语音书写、电脑系统声控、电话客服等。在物流行业语音识别可以应用于自助下单、语音下单。

3. 未来，人工智能与物流的结合走向何方

（1）形成全新的物流生态系统

在人工智能的协助下，多式联运高效运输将得到实现。通过人工智能、云计算、大数据、物联网等技术，可实现集铁路、公路、航空"三位一体"的智慧多式联运。

依托铁路网络、公路网络、航空网络、水运网络及实体物流园区，充分利用云计算、大数据、物联网、人工智能等技术，为线上线下物流运输、仓储配送、商品交易、金融服务、物流诚信等业务提供一站式、全方位服务，形成覆盖线上线下的物流生态系统，积极服务经济社会发展。

（2）智能计算重构物流运作流程

尤其是智能物流云平台的建设，其将实现对供应链、实体物流的数字

化、智能化、标准化和一体化综合管理。以综合物流为出发点,应用现代人工智能技术及物流技术,使得供应链整体各环节的信息流与实体物流同步,产生优化的流程及协同作业,实现货物就近入仓、就近配送,提升产业链效能。

(3)智能设备重组物流生产要素

智能硬件设备研发将使物流行业从人工分拣向自动化、智能化方向快速发展,智能感知技术、信息传输技术,机械臂、机器人、自动化分拣带、无人机等智能硬件设备将在物流运作各个环节得到广泛应用。

第三节 "AI+"医疗

医疗有着广泛的分支,涉及行业众多,其本身具备经验与技术两种属性。人工智能与医疗的结合,一方面可以基于大数据的优势,实现更广的技术覆盖;另一方面则有助于提高整个行业水平的精细度、专业度。

人工智能在健康医疗领域有着广阔的前景。将人工智能运用在医疗健康领域,系统就能根据病人的症状和匿名的病人资料数据库,预测该病人可能患的疾病,继而为专业医疗人士提供支持。

1.AI 虚拟助手彻底改变医疗行业

聊天机器人的出现,适合解决医疗市场的长期低效率问题,在降低成本、减少医生时间负担的同时,能为患者带来什么样的体验提升?聊天机器人在医疗领域能碰撞出什么样的火花?

用于医疗行业的聊天机器人根据功能大致可以分为:预问诊机器人、养老陪伴机器人、心理健康咨询机器人、医疗机构客服这四大类,每一类我们都会用案例进行说明。

(1)预问诊机器人

利用语音识别、自然语言处理技术,预问诊机器人能够将患者对自己病症的描述与标准医学知识库进行对比,从而完成患者导诊、问诊等服务。另外,也能进行健康咨询以及"自我诊断",通过症状、病史等描述获取问诊服务和用药指导以供参考。7×24小时工作，能及时解决患者一些紧急问题，比如，MedWhat。

用户可以通过语音或文字输入的方式，让医生更快、更容易、更透明地进行预问诊。患者在描述症状后，即可获取个性化的治疗建议、注意事项和相关病情的背景知识介绍。例如，当遇到常见的感冒发烧，在问询患者性别、年龄、病史之后，就能进行药物推荐，并提供生活、饮食建议。如果伴随呼吸困难、高血压等严重情况，它会建议患者就医治疗。

MedWhat由复杂的机器学习系统提供支持，利用大量的医学研究和同行评审的科学论文来扩展医学专业知识。但由于美国医疗相关监管的限制，MedWhat目前只能起到一个医疗咨询师的作用，不能替代医生开出药单，不能直接推荐医生和医院。

（2）养老陪伴机器人

随着中国人口老龄化的不断加重，老年人的陪伴必然是增长潜力巨大的需求。陪伴机器人作为生活助手，从生活上和精神上给予老年人必要的护理，并实时评估老人的健康风险，及时做出预警。

老年群体在使用APP时学习成本很高，很难记住操作路径，也存在视力降低看不清屏幕的问题。语音对话是最自然的交互形式，没有任何学习成本，免去了老年人学习电子产品烦琐的操作流程。

俄罗斯一家AI公司专为阿尔茨海默病（痴呆症）患者研发了一款聊天机器人，可以帮助他们与丧失短期记忆做斗争，并起到及时的预防和诊断作用。可以通过实时对话向用户询问他们的生活问题，帮助他们激活记忆，让他们尝试去记忆、思考和体验情感。

例如，机器人会问用户是否记得，昨天聊了些什么，让他们进行简单的数学计算，给出某些概念的描述或定义等。医生和家庭成员可以通过查看机器人采集的通信记录，识别记忆功能的潜在退化和患者病情恶化的趋势。

（3）心理健康咨询机器人

心理健康也是未来语音交互在医疗领域的主要应用方向。语音的交互方式，能够直接刺激人的听力感官系统，产生并传达情感讯号，满足心理需求。目前，在心理健康咨询 Chatbot 的应用方面，国内市场还相对比较欠缺。

Weobot 是一款是由斯坦福研究人员研发的虚拟治疗师，将认知行为疗法与先进的自然语言处理技术（NLP）结合在了一起，帮助用户记录情绪，发现早期抑郁症状。另外，它可以为用户提供互动式的认知行为疗法，随着对话的深入了解，就会发现相关规律并提出一些缓解坏情绪或消极想法的建议。

（4）医疗机构客服

如今，智能客服已经在电商、通信、金融等领域广泛应用，医疗行业同样也有相当大的客服需求。医疗机构可以借助 AI 语音对话平台，只要将具有语音对话能力的智能客服植入到挂号/门诊管理系统中，患者就能通过相关平台的网站、APP、公众号/服务号、小程序等进行对话交互，随时获取服务信息。

调查显示，仅在医疗领域客服中使用聊天机器人，就可以让每次查询平均节省 4 分钟以上的时间，相当于每次互动的平均成本节省 0.5～0.7 美元。因此，很多重复性、基础的咨询工作完全可以委派给人工智能去做。

比如，印度医疗机构 Lal PathLabs 的聊天机器人，可以为患者提供全天候聊天服务，例如：立即查看待处理报告的状态、查找附近的检测中心、显示医疗项目的信息和价格、进行门诊预约等。Lal PathLabs 的电话呼叫量明显减少，降低了人工成本，另外患者与医疗机构能够进行及时有效的沟通，效率直线上升。

2. "AI+医疗"包括哪些落地应用

"AI+医疗"通常是指将人工智能、大数据、物联网、云计算等新型技术和手段，运用在医疗服务主体、医疗机构和医疗服务对象上。因此，"AI+医疗"实际上又可以分为不同的落地场景：

（1）"AI+"健康管理

随着现代生活的快速发展，人们对自己的健康状况更为关注。健康不仅是一种无疾病的状态，更包括了饮食规律、作息合理。从某种角度上说，健康是医疗的最终归属。2017年10月31日，健康有益对外发布了一款ego系统，可以帮助人们实现精准健康的管理。ego涵盖了2000多种生活方式全景数据及上万条健康类知识图谱，通过整合个体体征信息、生活方式及偏好、动态监测等健康信息，制订智能健康干预方案，实现对生命的精准数字化管理。

（2）精准外科手术

简单来说，这类应用场景就是通过基于人工智能的计算机辅助手术技术，帮助医生规划最优的手术路径，实现对病人最小的创伤，以达到最大限度加速病患康复的目的。2015年12月29日，海信医疗发布的海信计算机辅助手术和海信外科智能显示系统就是"AI+精准手术"的落地成果之一。借助人工智能，这套系统可以帮助医生了解肝癌病灶与器官管道系统的相互关系，计算器官的病变体积，从而确定手术切除线路。

（3）医药研发领域

计算机擅长模式识别，通过筛选大量的基因、代谢和临床信息，从而解开致使疾病肆虐的复杂生物网络。一般来说，传统的药物研发需要10～15年时间，AI 的介入可以大大缩短药物研发的周期，降低资金成本。目前，晶泰科技可以称得上是国内在这方面初具成果的公司。其研发的 AtomPai，可以帮助企业快速将 AI 算法整合进自身已有的研发流程，满足企业基础的及定制化的数据分析需求。

（4）辅助诊断，提高诊疗准确度

2017年7月11日，阿里健康协同万里云发布的医疗人工智能"Doctor You"，就是这类应用的代表。"Doctor You" AI 系统包括临床医学科研诊断平台、医疗辅助检测引擎、医师能力培训系统等几个方面。以对外展现的 CT 肺结节智能检测引擎为例，对30名患者产生的近9000张 CT 影像进行智能检测和识别，只需要30分钟即可阅完，准确度达到90%以上。

（5）对流行病的预测

据报道，2017年上半年，平安科技研发的"AI+大数据"流感预测模型已经落地。该模型能精确预测流感趋势、个人和群体的疾病发病风险，可以帮助公共卫生部门及时监控疫情，并指导民众进行疾病预防，有效降低国家疾病与防控工作的成本。目前，该模型覆盖的病种包括流感、肿瘤、慢病、高血压、糖尿病等。

（6）人脸识别和核验身份

传统的就医过程涉及挂号、缴费、打印报告等多个环节，而每个环节势必都要进行身份核验。引入 AI 技术后，这一过程可以借助人脸识别来实现，加快就诊效率。此外，对医护人员来说，人脸识别也可以防止伪检、替检现象的发生，进一步优化诊疗环境，规范诊疗行为，减轻了医护人员的压力。

3. "AI+医疗"最具前景的应用

人工智能（AI）在医疗健康领域的应用前景正在吸引越来越多人的关注，尤其在简化行政管理和临床医疗管理流程方面，AI 被赋予了很多想象，同时也吸引了众多资本的流入。

数据显示，2011 年至 2017 年期间，121 家健康领域的人工智能和机器学习公司融资额超过 27 亿美元。市场普遍认为，AI 技术一旦广泛应用到现实的医疗服务中，将会带来巨大的市场效应。

AI 将在 10 个领域内得到有效应用，将大幅减少美国每年的医疗开支。预计到 2026 年，每年将节省医疗开支 1500 亿美元。从目前阶段来看，投资人或许应该优先考虑目前能够提供最大价值的 AI 应用：人工智能辅助手术、虚拟护士、行政工作流程管理等。

基于 AI 技术本身的特征以及医疗领域庞杂的业务需求，AI 在医疗服务领域最具前景的应用有：

（1）AI 读片比人快一倍

在影像诊断领域，AI 可以快速阅读成像，并对成像进行分析和诊断。2011 年，来自纽约大学 Langone Health 的研究人员就做过一组测试。结果显示，AI 在胸部 CT 图像上能够自动分析，找到并匹配特定肺结节，且速度比放射科医师组快 62%～97%。

哈佛商业评论对目前的 AI 技术准确度和诊断速度进行进一步评测，认为 AI 在图像诊断方面将极大地提高放射科医生的工作效率。AI 的使用可以让放射科医生有更多时间专注于需要更多解释或判断的评论，这种 AI 生成的图像分析效率可以每年节省 30 亿美元。

（2）AI 辅助手术可提高成功率和有效率

与目前获得市场普遍认同的影像分析相比，运用 AI 技术实现的手术辅助机器人将创造更大的价值。

在整形外科手术中，AI辅助机器人技术，可以分析来自术前医疗记录的数据，在手术过程中实时指导外科医生。还可以使用以往类似的手术数据来指导手术细节，提高手术的成功率和有效率。

调查显示，与单独操作的外科医生相比，在Mazor Robotics公司的AI辅助机器人辅助下的医生所执行的手术并发症减少了五倍；在整形外科手术中，有AI辅助机器人辅助的患者的平均住院时间缩短了21%。

并发症和错误的减少，每年可以节省400亿美元。

（3）AI辅助减少剂量误差

人工智能技术可以被应用于解决昂贵的剂量误差问题。在该问题上，AI如果得到有效应用，可以节省160亿美元。

2016年，加利福尼亚州的一项开创性试验发现，研究人员利用AI技术开发了一个可以正确指导器官病变患者用药剂量的公式，该技术虽然仍处早期，但已经呈现出在解决剂量问题方面的重要潜力。

传统来说，剂量取决于两个因素：药品使用指南和依据医生诊断所进行的猜测。剂量误差占所有可预防的医疗错误的37%，正确剂量用药是确保器官移植完成后在体内不被排斥的重要因素。

（4）AI可为特定病种进行初诊

使用人工智能来帮助临床判断或诊断仍处于起步阶段，让正在出现的一些结果来说明这种可能性。

2017年，斯坦福大学的一个小组测试了一组识别皮肤癌的AI算法。该测试中，21位皮肤科医生与AI同时对患者进行诊断，结果表明：与所有经过测试的专家相比，AI算法表现出与所有测试专家水平相当的能力；能够让皮肤癌分类的人工智能具有与皮肤科医生水平相当的能力。

数据显示，AI可以为患者进行初诊，由此每年将节约急诊费用50亿美元。

（5）AI可替代部分护士的工作

例如，Sensely的"Molly"是由UCSF和英国NHS研制并用于与患者互动的人工智能护士化身，询问他们的健康问题，评估他们的症状，并指导他们进入最有效的护理环境。研究结果估计，通过节省20%的护士在患者维护任务上花费的时间，人工智能护士助理可以每年节省200亿美元。

（6）AI助力提升后台运营效率

人工智能有望帮助医疗健康管理代价高昂的后台运行低效问题。

与患者护理无关的活动消耗了护士工作量的一半以上（51%）和近五分之一（16%）的医生活动，基于AI的技术（如语音到文本转录），可以改善管理工作流程并消除耗时的非病人护理活动，例如：编写图表注释、填写处方和订购测试。这些应用估计每年可为行业节省180亿美元。

（7）AI辅助识别欺诈

对医疗服务公司和保险公司来说，错误和欺诈也是昂贵的问题。欺诈检测传统上依赖于基于规则的机器运算和医疗索赔人员的人工审查。该工作非常耗时，使用AI技术能够快速发现异常以进行干预。

健康险公司可以使用AI技术进行数据挖掘，再加上基于人工智能的神经网络，来搜索医疗保险索赔与医疗报销欺诈相关的模式。通过提高Medicare索赔中欺诈检测的速度和准确性，AI可以每年节省170亿美元。

（8）AI提升网络安全

据估计，医疗保健违规行为使每个患者的费用达到380美元。使用AI监控和检测与专有数据的异常交互可以通过减少健康违规记录而每年节省

20亿美元。

随着人工智能技术变得越来越普遍，医疗相关机构将会在最能创造价值的领域进行大额投资。目前，人工智能在临床判断领域的用途仍处于起步阶段，技术成熟和全产业覆盖仍然需要时间。

第四节 "AI+"教育

1. "AI+"教育的典型场景

基于对教育领域需求的分析，蓝皮书从智能化的基础设施、学习过程的智能化支持、智能化的评价手段、智能化的教师辅助手段和智能化的教育管理五个方面，构建了目前人工智能技术在教育领域的基本应用框架，梳理了"AI+教育"的五个典型应用场景：

（1）智能教育评价

人工智能技术不仅仅会在试题生成、自动批阅、学习问题诊断等方面发挥重要的评价作用，更重要的是可以对学习者学习过程中知识、身体、心理状态进行诊断和反馈，在学生综合素质评价中发挥不可替代的作用，包括学生问题解决能力的智能评价、心理健康检测与预警、体质健康检测与发展性评估，学生成长与发展规划等。

（2）智能教师助理

人工智能将替代教师日常工作中重复的、单调的、规则的工作，缓解教师各项工作的压力，成为教师的贴心助理。人工智能技术还可以增强教师的能力，使得教师能够处理以前无法处理的复杂事项，对学生提供以前无法提供的个性化、精准的支持，传授知识效率大幅度提升，有更多的时间与精力来关注每个学生的身心全面发展。

上海未来伙伴机器人有限公司成立于 1996 年，主要从事伙伴机器人业务。旗下 AS-MII 是专门为中小学教育而开发的新一代智能移动机器人。开发的图形化交互式 C 语言（简称 VJC）为开发智能机器人项目、程序与算法、教学等提供了操作简单而功能强大的平台。

（3）智能学习过程支持

在各类人工智能技术的支持下，构建认知模型、知识模型、情境模型，并在此基础上针对学习过程中的各类场景进行智能化支持，形成诸如智能学科工具、智能机器人学伴与玩具、特殊教育智能助手等学习过程中的支持工具，从而实现学习者和学习服务的交流、整合、重构、协作、探究和分享。

（4）教育智能管理与服务

通过大数据的收集和分析建立起智能化的管理手段，管理者与人工智能协同，形成人机协同的决策模式，可以洞察教育系统运行过程中问题的本质与发展趋势，实现更高效的资源配置，有效提升教育质量并促进教育公平。

（5）智能教育环境

利用普适计算技术实现物理空间和虚拟空间的融合、基于人工智能技术作为智能引擎，建立支持多样化学习需求的智能感知能力和服务能力，实现以泛在性、社会性、情境性、适应性、连接性等为核心特征的泛在学习。

2. 人工智能时代的教育发展趋势

人工智能技术的发展，将使得未来教育发生重大的结构性变革，虽然具体变化形态是多样的、无法预测的，但以下 5 个发展方向则是确定的：

（1）关注人机协作的高效教学

人工智能在教育中的应用与研究应借鉴吸收学习科学领域的最新研究成果，在借助人工智能技术更科学全面地了解学习过程的基础上，建立更准确的学习模型，实现更人性化的功能。目前国内共有41家做人工智能自适应教育的公司，两大教育巨头自2015年起，就下重金布局人工智能自适应教育，自适应教育俨然有成为下一个风口之势。

（2）关注学生的灵魂和幸福

未来教育应是更加人本的教育，为学生一生的幸福和成长奠基。随着智力劳动的解放，教师有更多的时间和精力关心学生心灵、精神和幸福，跟学生平等互动，实施更加人本的教学，使得学生更具创造性。

（3）关注个性化、多样性和适应性的学习

在人工智能技术的支持下，面向大规模的学习者群体，建立促进个性发展的教育体系，是未来教育发展的基本趋势。使每一个儿童在其原有的基础上获得适合他自己的教育服务是未来教育应该追求的价值之一。

（4）关注核心素养导向的人才培养

未来教育应致力于培养面向人工智能时代的创新人才，引导学习者在学习和工作中，发展关键能力与核心素养，培养创造力而不仅仅是记忆知识，这样，才能更好地适应未来时代的发展。

（5）关注人机结合的制度体系与思维体系

要善于运用人机结合的思维方式，使教育既实现大规模覆盖，又实现与个人能力相匹配的个性化发展。

3. "AI+教育"的核心是自适应教育

自适应教育最早出现在20世纪90年代美国的"智能辅导系统"中，

当时所谓的智能其实就是按学习水平的高低对学生做一个简单的分类，把学生分成好、中、差等几大类，让每一类学生都能匹配到他最需要的学习内容和路径。这是一种十分粗糙的个性化教育，其理念类似于分班。

自适应学习就是通过算法，将获取到的学习者的数据分析反馈给已有的知识图谱，为学习者提供个性化难度和个性化节奏的课程和习题等，从而提高和提升学习者的学习效率和学习效果。

自适应学习与传统教学的不同在于主要教学方式不同：传统教育通常是以班、组为单位的，由老师提供统一的教学内容和进度安排，学生的练习和需要做的测评也都是统一化的，而自适应教育是以个人为单位的，接受不同的学习进度和学习内容，练习与测评内容的个性化程度高。

目前，基于人工智能技术的教育产品包括拍照搜题、分层排课、口语测评、组卷阅卷、作文批改、作业布置等，伴随着移动互联网、新高考改革等一波接一波的浪潮，热热闹闹地生长了起来，这些工具应用了先进的人工智能技术，但应用场景只停留在学习过程的辅助环节上，其价值也停留在减少重复劳动的层面上，并不会直接带来教学质量和效果的提升。

越是学习核心环节，越依赖于对教育行业和学习规律本身的理解，也越依赖于对先进科技的灵活运用，创造出的产品也就越少。自适应能够把人工智能技术渗透到教学的核心环节中，打造教学机器人，从根本上改进学习的理念和方式，是正式意义上的教育变革。

自适应教育最大的优势在于：能够定位到每位学生的知识漏洞，且在中国教育的课外辅导市场尤为有效。老师的精力都是有限的，即使是最优秀的名师，也不可能全面了解到学生的知识漏洞，更不可能跟踪到学生的学习情况。随着学习时间的变化，自适应教育借助于人工智能和大数据分析技术便能够做到这一点。

第五节 "AI+" 金融

金融行业良好的数据基础和服务属性，使其成为最被看好的人工智能应用领域之一。

大量人工智能技术借金融场景落地生根，取代了原本繁杂的人力劳动才是造成"失业"现象的根本原因。

案例1：阿里巴巴

阿里巴巴旗下的蚂蚁金服下设一个特殊的科学家团队，专门从事机器学习与深度学习等人工智能领域的前沿研究，并在蚂蚁金服的业务场景下进行一系列的创新和应用，包括互联网小贷、保险、征信、智能投顾、客户服务等。

根据蚂蚁金服公布的数据，在网商银行的花呗与微贷业务上，使用机器学习把虚假交易率降低了近10倍，为支付宝的证件审核系统开发的基于深度学习的OCR系统，使证件校核时间从1天缩短到1秒，同时也提升了30%的通过率。

以智能客服为例，2015年"双11"期间，蚂蚁金服95%的远程客户服务已经由大数据智能机器人完成，同时实现了100%的自动语音识别。当用户通过支付宝客户端进入"我的客服"后，"我的客服"会自动"猜"出用户可能会有疑问的几个点以供选择；在交流中，则通过深度学习和语义分析等方式给出自动回答。问题识别模型的点击准确率在过去的时间里大幅提升，在花呗等业务上，机器人问答准确率从67%提升到80%。

案例2：平安集团

平安集团下设平安科技人工智能实验室，大规模研发人工智能金融应用。

人像识别。平安集团运用人像识别技术，在指定银行区域进行整体监控，识别陌生人、可疑人员和可疑行为，提升银行物理区域安全性，该套系统还能识别银行VIP客户等，实现个性化服务。在平安天下通APP上，平安利用人脸识别技术进行远程身份认证，用户根据系统提示，完成指定动作识别，即可进行APP解锁、刷脸支付以及刷脸贷款等。

智能客服。平安集团整合旗下保险、基金、银行、证券等客服渠道为95511，应用人工智能技术，用户拨打后直接说出服务需求，系统识别客户语音内容后，即可转接到相应模块，大幅节省了客户选择菜单的时间。智能客服还可以进行简单问题回复，复杂问题则转人工进行支持，人机结合有效地解决了客户问题。

为什么金融行业最被人工智能看好？原因主要有三：

首先，金融行业的信息化建设起步较早，且行业内极其重视数据的标准化和规范化采集，具有大量的数据积累，这些数据为人工智能的应用提供了坚实的基础。

其次，以银行、保险、证券业为例，金融业的主要业务都是基于大规模数据展开的，大量烦琐的数据处理工作，急需自动化和智能化的变革来解放人力。

最后，金融普惠化和场景化的创新，需要新的技术手段来提供支持，而人工智能与金融的结合，则为金融创新提供了更多的可能。

1. 金融业的人工智能应用场景

智慧银行、智能投顾、智能投研、智能信贷、智能保险和智能监管是目前人工智能在金融领域的主要应用，分别作用于银行运营、投资理财、信贷、保险和监管等业务场景。

（1）智能投顾

人工智能在理财领域的应用，旨在利用计算机程序评估用户的风险偏好和理财需求，提供自动化的配置建议。

（2）智能投研

用于辅助投资分析，提升投研效率；信贷领域，基于大数据和深度学习的风控、征信正改变着传统的信贷模式。

（3）智慧银行

以提升用户体验和服务效率为主要出发点，实现服务和运营的智能化变革。

（4）智能保险

保险和监管也朝着智能化的方向发展。

金融业智能化的变革从各个角度提升了行业效率，为业务模式的创新提供了新思路和新方法，但同时也使金融风险变得更加复杂，新监管手段的探索受到重视。

2. "AI+金融"发展现状及前景

目前人工智能在金融行业的各个细分领域应用还有较大的发展空间，行业处于初创期，机遇与挑战并存。

从人工智能技术的角度看，技术不断进步至发展成熟的趋势明显，而技术的商业化变现则依赖于实际的应用场景。因此，随着人工智能技术的逐渐成熟，行业关注的重点也将逐步从技术研发转移到场景探索上来，金融行业作为被看好的 AI 应用领域之一，无疑会有更多的发展机会。

从场景的角度来看，人工智能在金融领域的场景应用逐步落地，目前行业仍处于探索期，具有较强的不确定性。短期来看，数据和技术对各个金融科技平台的发展具有较大的影响，但随着技术的逐渐成熟，数据共享机制的逐渐建立，好的应用场景和商业模式将在未来的发展中占据更主要的优势，而应用场景也并非一成不变，其发展本身具有一定的不确定性。

此外，由于金融行业发展的差异性，短期来看，人工智能技术对金融行业发展的辅助性作用更为明显；长期来看，技术所能达到的界限难以界定，不排除有对行业产生颠覆性影响的可能，市场具有较强的不确定性。

3. 金融领域的应用优势日渐显现

人工智能在金融领域的应用优势主要体现在差异化服务、大数据风控模型的优化、金融服务效率的提升。

（1）人工智能助力大数据风控模型的优化

金融引进技术的核心不仅是获得利益，更重要的是风险控制，将可控风险降到最低。控制风险的关键路径有两条：一是对投资者心理底线的了解；二是确保能在这个底线之上运行的风险管理能力，或者叫风险定制能力。

①投资者分析。智能机器人通过搜索技术为用户画像，了解账户的实际控制人和交易的实际收益人及其关联性等，并对客户的身份、常住地址或企业所从事的业务进行充分的了解，用以识别反欺诈行为。

②风险管理。大数据风控技术、机器学习、独有的风控模型等技能，能深入地对基金产品、固收产品、保险产品、另类投资等资产进行风险再

平衡分析。大数据与人工智能技术的结合将更好地帮助金融机构实现对风险的量化，从而更好地实现风险可控操作。

（2）引入智能技术，为群体提供差异化的投顾服务

传统的投顾模式受限于服务成本，仅覆盖了比较小众的高净值群体，且多以一对一的模式为主，这就使得传统投顾存在业务受众面窄、投资门槛高、知识结构单一等问题。

智能投顾具备投资门槛低、管理费用低、方便快捷、客观公正等优势，能够为普通大众投资者提供差异化的投顾服务。到2020年，财富管理机器人咨询服务的产值将是现在的4倍，达到2.2万亿美元。保守估计，高净值客户大概有300万，而非高净值客户约有2亿。服务对象的改变将为智能投顾带来海量级的市场规模。

（3）"AI+大数据"提升整个金融行业效率

随着互联网和大数据的发展，人工智能可用更少的时间分析更为全面的市场信息，提供更专业、更准确的金融服务。并且，人工智能可以取代人力，使金融服务的业务流程变得更加标准化、模型化、系统化，有助于减少烦琐的审批流程，提升金融服务效率。

第六节 "AI+"交通

交通与人工智能的结合，不仅为汽车装上了可以思考的智慧大脑，也让整个城市交通的运行变得更智慧。

信号灯诞生 100 多年以来其功能都没有太多变化，给它装上人工智能技术后，一切都开始变化了。

"AI+信号灯"所产生的结果可以通过提前控制拥堵源头，识别主要交通流向，提出错峰出行建议，推荐出行方式等手段让上海的交通运行实现智能优化。而无人驾驶车辆要真正实现在开放道路上行驶，也离不开"AI+信号灯"。

无人驾驶汽车就是智能网联汽车，在"智能网联"这四个字中，最需要强调的是"网联"。而网联需要以城市基础设施为支撑，因此当中国的智能网联汽车获得成功时，也就意味着城市网联环境的建设完成。

如今，上海用于无人驾驶汽车开放道路测试的公共道路都已进行过智能化改造，所有路段和信号灯中都装上了符合中国和美国标准的通信设备，不仅使测试车可以通过车上的雷达发现"目标"，还能与红绿灯等目标进行对话。

目前，政策层面对智能交通的关注度日益提高，同时随着交通卡口的大规模联网，汇集了海量车辆通行记录信息，利用人工智能技术，可实时分析城市交通流量，调整红绿灯间隔，缩短车辆等待时间，提升城市道路的通行效率。

  人工智能分析及深度学习比较成熟的应用技术在车牌识别算法领域的应用最为理想。比如，在车牌颜色识别方面采用人工智能、深度学习的应用，基本上克服了由于光照条件变化、相机硬件误差所带来的颜色不稳定、过度曝光等一系列问题，因此也解决了图像颜色变化导致的识别错误问题。

  卡口车辆颜色识别率从80%提升到85%，电警车辆主颜色识别率从75%提升到80%以上。另外，在车辆颜色、无牌车检测、非机动车检测与分类、车头车尾判断、车辆检索人脸识别等相关的技术方面，人工智能也比较成熟。

  除了车牌识别，人工智能驱动的交通更加智能。比如：智能交通信号系统以雷达传感器和摄像头监控交通状况，然后利用先进的人工智能算法决定灯色转换时间，通过人工智能和交通控制理论融合应用，优化了城市道路网络中的交通流量；人工智能的警用机器人将取代交通警察，实现了公路交通安全的全方位监控、全天候巡逻、立体化监管。

  此外，运用人工智能，自动驾驶汽车还会根据用户的打分回馈不断修正自己的行为模式，逐渐满足客户的要求。例如，当特斯拉自动驾驶汽车用户行驶在右车道、靠近高速公路出口坡道时，车子会直接开往出口，用户必须快速将主控权拉回来（修正路径），直到车子离开出口坡道。

  在城市交通方面，人工智能算法可以根据城市民众的出行偏好、生活、消费习惯等，分析出城市人流、车流的迁移与城市建设及公众资源的数据，基于这些大数据的分析结果，为公共交通设施的基础建设提供指导和借鉴；无人驾驶和汽车辅助驾驶非常重要的一个技术点就是图像识别，通过图像识别前方车辆、行人、障碍物、道路以及交通信号灯和交通标识,这项技术的落地应用将给人类带来前所未有的出行体验,重塑交通体系,并构建真正的智能交通时代。

总之,人工智能技术的应用,已经实现了公路交通运行状态"看得见"、车辆通行轨迹"摸得透"、重点违法行为"抓得住"、安全隐患事件"消得了"、路面协作联动"响应快"与交通信息应用"服务优"等目标。

AI赋能——人工智能赋能中国企业升级

第七节 "AI+"餐饮

人工智能的触角如今早已渗透到了各行各业,餐饮业自然也难以幸免。

为了吸引更多的年轻顾客,不少餐饮公司都想尽办法将 AI 元素融入到自己的服务当中,无论是人人湘的香橙智能餐厅系统,还是麦当劳的 Next 餐厅,人工智能跟餐饮行业的结合已经越来越深入。

相关数据显示,我国餐饮业全年收入 2020 年有望达到 5 万亿元。与此同时,行业内热传的"高端餐饮碰不起、低端餐饮碰不得、不高不低的会做死自己"的言论亦甚嚣尘上,在巨大的市场空间与现实需求之下,餐饮行业迎来新一轮的机遇和挑战,行业内竞争门槛越来越高,竞争越来越激烈。

"AI+ 餐饮业"的有机结合在为餐厅带来特色服务的同时,更是餐饮行业实现智慧化、标准化的重要标志之一。

1. "AI+ 餐饮"行业发展大势所趋

餐饮业一直饱受"三高一低"顽疾的困扰,而智能化可以帮助餐饮业节约用工数量、降低经营成本、提升管理绩效。如今,人工智能正在成为餐饮行业拥抱互联网最大的竞争焦点,面对新环境下的市场需求,餐厅是否使用一种以人工智能为技术基础的互联网解决方案或将是一家餐厅能否在未来繁荣的风向标。

（1）节约成本

智能餐厅的出现使得餐饮界又出现了一个新的趋势。智能餐厅的智能化表现为它的一些功能代替了人工，不仅节约了人工成本，在产品的标准化方面也更加精细。比如：炒菜机器人。厨师大多通过自己的"手感"来控制味道，而炒菜机器人却能轻易地做到标准化口味统一。

（2）提高效率

餐厅通过人工智能提供的数据，来判断用户的消费心理，从而调整餐厅的运营规划，人工智能运用得当，可以大大地提高餐企效率。

（3）提升知名度

人工智能作为一个新事物，可以较轻易地吸引消费者的眼球，从而在短期内提升餐厅或者品牌的知名度。

当然，餐饮的本质在于产品本身，再多的高科技工具，再个性化的营销手段都只能是其次，最关键的竞争因素还是餐饮口味、就餐环境以及高性价比的定价。

2. 人工智能在餐饮行业的典型案例

随着人工智能的高速发展，其应用场景也越来越多，比如：智能便利店、智能汽车工厂等，给各行业带来翻天覆地的变化。作为老百姓生活第一大需求的餐饮业，为了吸引更多的年轻消费者及行业升级，也要将AI元素融入到服务当中，进行探索创新。

（1）机器人服务员

传统餐厅都是顾客提出要求，服务员听到了才会去解决。如果碰到店里很多人，服务员就无法及时解决顾客的需求，从而造成不好的用户体验。而不会疲惫、速度快的机器人服务员，既保证了服务的即时性，也提高了整个餐厅的经营效率。

（2）自助点餐结账

现在出去吃饭，可以看到很多餐厅都配备智能点餐小程序，消费者到店就可点餐，不再需要排队等服务员下单。快餐类食品，也逐渐配置了自助结账台，消费者不再需要排队结账，对于中午休息时间寸秒寸金的上班族来说，是一大福音。

（3）机器人厨师

机器人厨师的出现不仅降低了人工成本，菜品质量也更容易把控。厨师一般是通过"手感"来控制味道，而炒菜机器人却能轻易做到口味统一，并提升效率。人类服务员只需将配料装入机器人和完成传菜。

除了以上这些，还有机器人外卖小哥、3D打印餐厅、机器人烧烤师傅……虽然AI+餐饮仍处于探索阶段，但相信未来会有更多令人惊艳的应用落地。

3. 人工智能如何玩转餐饮业？

从这些所谓"机器人餐厅"的运营情况来看，在餐饮业，自动化的程度并不是很高，也可以说，人工智能并没有在餐饮业得到很好的应用。如此，在智能化的未来，餐饮业该如何与人工智能相结合呢？

（1）餐前

在开始一天的运营之前，餐厅需要提前准备当天的食材，并将之处理好，以备使用。其中，为了保证食材的新鲜，人们需要注意它的保存环境。鉴于空气、环境等多种因素，食材的保存环境有时是很难掌控的，尤其是生鲜。

在这个问题上，一个搭载有人工智能系统的储藏柜也许可以解决。放入食材之后，系统的计算机视觉系统就会对其进行扫描，再通过网络获取其所有的资料，以便调整出一个最佳保存环境。之后，人工智能系统会利用柜子内部的传感器实时监测食材的情况，以便随时进行调整，而食材一旦出现问题，系统也会进行提醒，继而餐厅内的机器人就会将之取出丢弃。如此一来，食材的新鲜度就得到了保障，也就此免去了不必要的损失。

当然，在购进食材之前，人工智能总系统会对每天食材的使用数据进行搜集，进而分析，对当天所需的食材数量进行一个预估。而在食材准备好后，对它的处理工作将会交到机器人手中。

除了食材之外，餐厅内环境的布置也很重要。此环节的主角绝对是机器人无疑。在此之上，哪怕是每天换一个主题，餐厅也可以布置得很好，毕竟只要输入具体的指令要求，机器人完全可以利用整晚时间来进行布置，而效率将大大地提高。

（2）餐中

餐厅就是让人吃饭的地方，人们会为顾客做出他们想吃的食物，若是味道、服务都很好，回头客自然就会增多。在就餐的时候，人们有时会根据自己的口味和身体状况向服务员咨询菜色，或自己提一些要求。说实在的，无论是对于顾客，还是对于服务员来说，这个程序都是有点烦琐的。

为了照顾两方，可以采用一个人工智能餐椅。在实际使用中，除了餐桌所配备的椅子，门外也可以放置一些用于顾客等座的餐椅。当人们进入餐厅，能够依据"脑中记忆"自由行走的服务机器人会带领顾客走向座位，当顾客坐下后，餐椅中的传感器便会自行检测其身体的相关数据；点餐时，服务机器人将会依据这些数据为顾客提供建议，再照顾一下顾客的口味，点餐流程就这样完成。同时，餐厅本身也体现出了一种独特的、不再处于被动位置的风格。并且，在订餐完成之后，系统也会实时录入顾客的部分个人信息和用餐喜好，为他的下一次光临提供更好的服务。

在厨房中，通过物联网接收到菜单的机械臂开始制作美食。此时的厨房并没有人们印象之中的杂乱，有的只是动作有条不紊的机器人。在机械臂完成一道菜之后，机器人将之端起放到窗口的餐盘中，并通过物联网呼叫服务机器人取餐。

当一桌顾客吃完之后，在服务机器人收拾餐桌的空暇，原本的餐椅会自行驶向门外等座处，而上面坐有顾客的餐椅则会载着他们来到已经收拾干净的餐桌旁，餐椅交相替换使用，为顾客提供服务。当然，鉴于餐位的不同，总系统也会对顾客进行一些分配，力求合理高效。

（3）餐后

顾客就餐结束之后，只需坐在餐椅上按铃呼叫服务机器人，面带微笑地说一声"结账"，拥有人脸识别及声纹识别功能的机器人自会结成账单并完成支付。相对于现在的支付方式，此种做法不仅快速，也能在一定程度上避免盗刷的风险。

而在一天结束之后，餐厅则又成了机器人的天下。自动驾驶餐椅会自行回到餐桌旁，多余的则在墙边排排站，服务机器人、扫地机器人以及无人机会分别负责不同领域的清洁工作。

第八节　"AI+"家居

智能家居是以住宅为平台，基于物联网技术，由硬件（智能家电、智能硬件、安防控制设备、家具等）、软件系统、云计算平台构成的一个家居生态圈，实现人远程控制设备、设备间互联互通、设备自我学习等功能，并通过收集、分析用户行为数据为用户提供个性化生活服务，使家居生活更加安全、舒适、节能、高效、便捷的一种智能生活方式。

智能家居包括家居生活中多种产品，涵盖多个家居生活场景。2016年中国智能家居市场规模达到1140亿元，2017年第二季度智能家居活跃用户规模达到4600万。随着物联网技术、人工智能技术的发展，及90后婚育潮的到来，智能家居将成为主流的发展趋势。

从智能家居发展阶段来看，中国智能家居市场正处于市场启动阶段，尚未进入爆发期，智能家居产品渗透率较低。目前，智能家居领域依然存在诸多制约因素，如产品本身智能化程度低，多数产品是按既定的程序完成任务，在主动感知和解决用户需求、人机互动等方面达到的体验依然较初级，因此没有形成广泛的用户黏性，消费者对智能家居产品抱有观望态度。而相较于亚马逊的Echo和Google Home，国内还没有成熟的智能家居控制中心，仍处于以手机APP向智能音箱、智能电视、机器人等控制中心的过渡时期。

1. 人工智能对家居的益处

人工智能技术是可以带来硬件背后的软件及服务能力、与智能硬件相匹配的交互技术。AI+智能家居，有利于形成适配下一代硬件的真正的"智能化"及深入场景体验的个性化计算，语音及视觉等人机交互技术有助于提升与智能家居产品的交互体验。

（1）提升智能家居产品交互体验

语音交流更倾向于日常交流方式：通过人类的语言给机器下指令，从而完成自己的目的，而无须进行其他操作，这一过程将更为自然。同时语音交互在特定的场景中具有优势，比如在远程操纵、行车过程中等，能够实现在特定场景中解放双手的作用，在家居相对封闭的环境中，语音识别成为主流的人机交互方式。

近年来，语音交互的核心环节取得重大突破，语音识别环节突破了单点能力，达到97%以上的中文语音识别准确率，从远程识别，到语音分析和语义理解技术都日趋成熟，多轮对话的实现等都有利于语音交互取代传统的触屏交互方式，整体的语音交互方案已被应用到智能家居领域中。

计算机视觉、手势识别等交互方式成为语音交互的辅助，Echo在新推出的Echo show产品中已搭载屏幕，而智能电视除语音交互之外，通过计算机视觉分析视频内容，并对内容相关的资料进行下一步操作，包括短视频剪辑、边看边买等，比如Yi+搭载在天猫魔盒中的"瞄一下"功能。再比如在智能冰箱中，通过计算机视觉实现对冰箱内食品的分析，以及衍生出的用户健康管理和线上购物等功能，多种交互方式将在家居生活场景中统一，从而提供更为自然的交互体验。

另外，伴随着智能家居平台的发展，通过"IFTTT"的场景布局，智能家居实现多种家居产品的联动，用户可以自定义多个使用场景，实现定制化、个性化。人工智能技术的发展将使得个人身份识别、用户数据收集、产品联动在潜移默化中变成现实，在未来家居生活场景中将提供千人千面个性化服务。

（2）实现内容和服务的拓展

找到合适的语音入口是挖掘智能家居背后用户价值的关键。硬件本身具有入口价值，智能音箱、智能电视、家庭机器人等都有可能成为合适的入口。

传统的鼠标操作、触屏操作逐渐向语音交互这种更为自然的交互方式演进，语音交互的未来价值在于用户数据挖掘，以及背后内容、服务的打通，以语音作为入口的物联网时代将会产生新的商业模式。

智能音箱、服务机器人、智能电视等智能化产品成为现阶段搭载语音识别技术和自然语言处理技术的载体，作为潜在的智能家居入口，智能音箱、服务机器人和智能电视等产品在提供原有的服务的同时，接入更多的移动互联网服务，并实现对其他智能家居产品的控制。

这些产品为付费内容、第三方服务、电商等资源开拓了新的流量入口，用户多方数据被记录分析，厂商将服务嫁接到生活中不同的场景中，数据成为基础，服务更为人性化。

2."AI+智能家居"的未来发展趋势

（1）更好的智能化、更高体验的人机交互

从最早的 Wi-Fi 联网控制到如今的指纹识别、语音识别，人机交互性能大大提升，智能家居产品正在由弱智能化向强智能化发展。而智能家居产品受众也将从尝鲜者转向更为普通的用户，甚至包括老人和小孩。更智能化的技术应用、更复杂的用户结构和更广泛的用户覆盖等因素必将促使智能家居产品趋于简单实用。

智能化和人机交互体验的升级将大大拓宽智能家居应用场景。2016年，智能安防类产品落地，指纹锁、智能摄像头等产品受到了广泛关注。随着智能感知、深度学习等技术的提升，智能灯光、智能温控等产品也逐渐趋于成熟，2017年智能音箱成为爆款产品。

如今，用户需求不断扩大，产品愈加丰富，智能家居渗透到家居生活的方方面面。智能家居市场将迎来爆发。2019年，智能家居市场规模有望达到1950亿元。

（2）智能家居趋于系统化

搭载人工智能的多款产品都有望成为智能家居的核心，包括机器人、智能音箱、智能电视等产品，提供儿童教育、老人陪伴、生活助理、健康监测等服务，智能家居系统将逐步实现家居自我学习与控制，从而提供针对不同用户的个性化服务。

科沃斯成立于1998年3月，主要致力于家庭服务机器人业务，目前是国内最大的清洁机器人公司，扫地机器人的日销售数量约为5000台，占据着国内超过50%的市场份额。其生产的机器人，可以用来扫地、擦窗、管家等。除了国内市场，科沃斯在美国洛杉矶和德国杜塞尔多夫还分别成立了美国分公司和欧洲分公司。

目前，智能家居仍处于从手机控制向多控制结合的过渡阶段，手机APP仍是智能家居的主要控制方式，但基于人工智能技术开发出来的语音助手、搭载语音交互的产品等软硬件产品已经开始进行市场教育，通过语音控制，多产品联动的使用场景逐步变为现实。而未来人工智能将推动智能家居从多控制结合向感应式控制、向机器自我学习自主决策阶段发展。

第八章
AI时代,传统企业的未来展望

　　人工智能时代,传统企业的发展速度肯定要远超过去的发展。传统企业要认识到人工智能对行业的影响,预见到人工智能未来的发展趋势,从我做起,努力提高企业的竞争力,促进产业链的发展;各行业要紧跟时代发展潮流,采取正确的举措,应对人工智能带来的新变化。

第一节　AI时代，企业的发展趋势

1. 企业的三阶段发展场景

（1）人工智能时代企业的发展场景

自人工智能从1956年被提出之后，发展至今已有60多年的历史，其间积累的人工智能技术和人才，都为我们现在的产品实现落地，并应用在生活场景中奠定了基础。事实上，人工智能发展至今共经历了三个阶段：

阶段1：集中诞生基础理论的阶段，是运算智能阶段

该阶段奠定了人工智能发展的基本规则，具备存储和计算的能力，并诞生了基本的开发工具，为日后人工智能的研发工具的升级开辟了先河。在这个阶段，技术的发展，尤其是算法的发展，成了推动人工智能进步的最大动力。达特茅斯会议之后，人们对算法程序和语言开发投入了极大热情，掀起了人工智能发展的第一波高潮。

阶段2：数据推动人工智能更新迭代的阶段，是感知智能阶段

这个阶段，可获得和分析的数据飞速增长，不仅磨炼和提高了计算的能力，使人工智能的大规模运算成为可能，还反过来倒逼了数据的采集、清洗和积累，以及相应的软硬件基础设施的发展，带动了大数据行业的腾飞。大企业发挥出了规模优势，成为推动人工智能发展第二波高潮的主要动力。

阶段3：情境推动人工智能更深入到具体应用的阶段，是认知智能阶段

随着人工智能的技术发展和数据积累，行业逐渐发现短期内通用智能和强人工智能是难以实现的，数据分布的情境化特性使得人工智能在特定情境下的垂直发展成为可能。这个阶段也是目前需要克服前进的阶段。

认知智能可以让机器能理解思考、像人一样学习和推理，不仅能下围棋，还可以当医生、当老师，甚至做律师；不仅可以代替人类做简单重复的机械式体力劳动，还可以替代人类做很多纷繁复杂的脑力劳动，释放出比人类更聪明的智慧和灵感。

（2）人工智能不同发展时期的驱动力

按照各个时期不同的驱动力，可以将AI的发展分为3个阶段：数据技术驱动阶段、数据驱动阶段和情境驱动阶段。3个阶段的人工智能发展，对数据的要求各不相同，但从总体上看，人工智能与大数据之间是同升同涨的有机关系。每一次人工智能的增长，大数据行业都起着重要的推动作用。

数据量级的增长、计算能力的提升、存储效率的优化、数据可分析程度的提高……都加快了人工智能的发展。其中，数据是人工智能发展的一个重要的竞争优势来源。

①人工智能1.0：技术驱动。公认的人工智能发展起点是1956年在美国达特茅斯学院举办的第一届人工智能会议。尽管这次会议没有达成普遍的共识，却为会议确定了主题：人工智能。第一批的人工智能研究从此开始。

1946年，人类历史上第一台电子计算机ENIAC诞生，虽然它有点笨重，但被广泛应用于人工智能和计算机领域。计算机与编程算法的相继出现，从技术层面推动了人工智能的发展。研究者乐此不疲地运用新的算法和计算工具去解决应用题、证明几何定理、学习和使用英语……每次成功都进一步增强了人们对人工智能的信心。

计算机性能的瓶颈、计算复杂性的指数级增长、数据量的缺失，使得人工智能的研究停滞不前，人们逐渐对人工智能的发展丧失信心，人工智能研究进入了第一个低谷期。

②人工智能2.0：数据驱动。人工智能发展的第二个阶段，是数据推动人工智能更新迭代的阶段。

从1981年IBM推出第一台个人电脑，到1993年美国政府宣布实施"国家信息基础设施"计划，也就是我们常说的信息高速公路，电子计算机与信息数据从实验室走进普通人的生活，人工智能的研究不再局限于实验室的理论，针对日常生活的具体应用也在不断增多。在这一阶段，数据主要从两方面来影响人工智能的发展：

一方面，大量的数据要求人工智能不断提高其计算能力。信息时代数据量的快速增长，对整个人工智能的处理水平提出了更高要求。人类大脑对数据的处理十分强悍，人的大脑拥有几百亿个脑细胞，每个脑细胞大约有几百条脑神经，每条脑神经上有几百个突触，每个突触的作用又相当于一块计算机芯片。

另一方面，大量的数据也在不断地训练着人工智能。数据量的增加对人工智能来说，不是负担，而是财富，因为数据能帮助训练人工智能，使结果更加精准。比如，"深蓝"在1996年第一次挑战时，就以2:4败给卡斯帕罗夫。在之后的一年，研发团队引入美国特级大师本杰明，将他对象棋的理解编成程序教给"深蓝"。此外，在与卡斯帕罗夫的每一场对战后，都不断挑战系统参数，强迫"深蓝"进行学习。

③人工智能3.0：情境驱动。人工智能发展的第三个阶段，是情境推动人工智能更深入到具体应用的阶段。这个阶段，新的实用情境的识别与发现，以及对该情境的人工智能解决方案的研究，极大地推动了人工智能行业的前进。

移动互联网时代，各种移动终端设备陆续出现，使得数据呈现指数级的增长。相对于之前，现阶段的"数据"包含的信息量越来越大、维度越来越多，从图像、声音等媒体数据，到动作、姿态、轨迹等人类行为数据，再到地理位置、天气等环境数据……按照以往数据处理的思路，已经无法适应"数据"本身的发展。这对于人工智能应用者来说，既是惊喜，又是挑战，因为融合人类智慧、人工智能以及海量数据的智能数据时代已经来临。

2011年，苹果推出了语音虚拟助手Siri，人们开始体验"人机对话"，当用户懒得输入时，便可以直接询问Siri。虽然Siri刚推出时的回答经常让人啼笑皆非，但大量的数据训练使Siri的语音识别越来越精准，反馈的答案也让用户越来越满意。2014年，亚马逊推出语音智能家庭管家Echo，不用触碰手机，就能直接唤醒Echo，让其完成指令，享受智能家居。

2. 用转型升级带来更多绩效

随着全球经济的快速发展，人工智能、大数据等技术不断成熟，物联网时代正在逐渐到来。

科技创新不断驱动各行各业与时俱进、蓬勃发展，整个社会的企业发展进程也在不断加速。那么，在这种时代背景下，传统企业该如何实现自己的转型升级，如何用人工智能、大数据，为企业的发展带来更多的绩效呢？

（1）改变自己

互联网思维的核心在于"思维"而非"互联网"，企业要想突出重围，首先就要改变思想观念和商业理念。

①企业要结合自身的行业及业务特性，与互联网的新基因结合起来，建立一套适合企业发展转型要求的新型文化理念。

②企业转型落地，管理层的共识是基础，要通过各种培训研讨宣导、行动式学习引导，帮管理团队突破思维禁锢，统一思想，建立共识。

③要在整个管理团队中形成转型紧迫感，为推动转型变革做好铺垫。

（2）创造新型"互联网+"模式

传统企业互联网转型必须基于对用户需求与市场环境变化的深度洞察，对企业的业务价值链和盈利模式进行根本性的再思考和再设计。"互联网+"转型的模式有三种：

①"以用户为核心"的内部组织和供应链流程重构，即从传统的以厂商为核心的B2C模式，转变为以用户个性化需求为中心的C2B模式，并建立供应链帮助用户全程参与互动。

②对原有价值链的延伸，更紧密地整合产业链上下游，减少交易环节，降低成本，向用户提供更多增值服务。比如，米其林在轮胎上安装传感器，运用大数据分析技术，为司机提供驾驶方法的建议和培训，帮助其降低油耗。

③从整个行业的格局来考虑产业链的重构，以及通过跨界将相关资源建立连接，打造新的平台生态圈。比如，滴滴打车，整合各出租车公司的调度系统，建立行业化的新平台，进一步激活了社会闲散资源，彻底改造了原有的生态系统。

（3）建立大数据平台

无论是商业模式，还是组织机制的落地实现，都依赖于移动端和PC端的IT平台支撑。这里，全方位用户互动、良好的用户体验、全流程的高效支撑、持续的用户数据资产积累等都是关键。比如，AMT与安客诚一起帮海尔建立了基于大数据的全方位用户互动平台，提升了对用户的洞察能力，实现了基于大数据的精准营销，满足了用户的个性化需求。

（4）内部管理层的扁平化

互联网注重的是时效性和直接性，企业要快速针对市场变化做出判断和调整，就需要直接对用户进行反馈。过去的那种金字塔式的管理模式已经不适用，要减少管理层级，进行扁平化管理。

第二节　AI时代，用责任感提高企业竞争力

人工智能时代，社会责任已成为企业核心竞争力的重要组成部分，成为继价格、质量竞争之后衡量企业实力的重要标准之一。企业要想在更高层次和更广范围内参与国际合作与竞争，就必须规范履行社会责任。

在如今激烈的竞争中，企业要想实现既定目标、战出优异战绩，就应该让成效导向型的责任感文化深入骨髓；责任感不是一种选择，也不是一种时尚，而是当今的商业社会对企业提出的一项基本要求。

如今，在世界范围内，企业责任感已成为对一流企业"高标准、严要求"的公认指标。从1999年美国推出"道琼斯可持续发展指数"，到后来英国的"富时社会责任指数系列"，再到RepuTex推出的企业社会责任基准，对企业社会责任的量化指标渐次丰富、完善，也凸显了国际社会对此问题的日益重视。

与之对应的是，近年来，国内很多企业特别是科技巨头，都在越来越多地强调自身的社会责任。比如，阿里巴巴和腾讯两大互联网巨头。在阿里巴巴18周年庆上，马云指出，阿里巴巴与普通企业的区别在于社会责任，解决多大社会问题，成就多大企业；在腾讯"成年礼"后，马化腾频繁地提及社会责任，认为"社会责任将不仅是腾讯的最基本责任，还应成为腾讯的未来担当，被我们的产品、我们的服务当作前提来考虑"。

科技企业是否承担社会责任是一个基础问题，企业应该主动承担更多

的社会责任，一脉相承。学会了承担责任，公司才会越做越大！

1. 对员工负责

员工也是社会的一员，企业的社会责任，也体现在员工身上。

企业对员工的社会责任，不但体现在员工的工作、生活上，也体现在员工的学习成长上；不但承担着物质方面的责任，也承担着精神上的责任。而在生存、生活上的责任，可以为员工营造一个工作安全、薪资合理、社保齐全、福利到位的物质环境；在精神上的责任，主要体现在对员工的学习、培训、发展、成长及各种精神文明的文体活动，关注员工的学习进步，努力建设学习型企业。

2. 对合作伙伴负责

对于合作伙伴，企业都要秉承着一种负责任的态度，经营互利双赢的合作模式。从不把经销商看成一个分销工具，而是把经销商看成一个营销链上的商业伙伴，基于对伙伴的责任，不但会为经销商带来丰厚的利润回报，也能帮助经销商提升管理水平，推动经销商的现代公司化管理进程。

企业要以一种高度的责任感，协助经销商成就其真正的事业：在经销商货款不足时，要给予资金扶持；对于不懂经营的，要派出业务经理免费辅导、培训，提升其经营管理水平……

3. 对社会负责

为了给社会与大众带来更为环保、清洁的产品，让普通民众最先享受到高科技带来的洁净生活。在技术研发方面，要主动承担国家与行业的新技术、材料应用方面的研发责任；可以成立现代化的科技研发中心，投入一定的科研费，用于自主创新和科技研发。在环境保护方面，可以通过先进的技术装备，规范的管理，严格的环境保护措施，做好环保建设和生态环境保护工作。

4. 对消费者负责

首先，企业承担社会责任的第一对象是作为社会大众的消费者。就公司而言，主要体现在它的立信与立质上，一定要将对消费者的责任放在一个核心位置上，在产品的品质保证、在产品附加价值的开发、在消费者需求的开发与满足上，都承担起应有的责任。

第三节　AI时代，未来产业链的发展趋势

1. 人工智能时代正在加速到来

（1）主要发达国家纷纷制定人工智能发展战略

人工智能时代，主要发达国家高度重视人工智能，纷纷将发展人工智能作为提升国家竞争力、维护国家安全的重要抓手，在国家战略层面加紧布局和发展人工智能，力图在新一轮竞争中掌握主导权。

①美国将人工智能上升为国家战略。美国对人工智能的重视程度很高，2016年10月，美国国家科学技术委员会发布了《为人工智能的未来做好准备》和《人工智能研究与发展战略规划》，2016年12月又发布《人工智能、自动化和经济》。

②英国将人工智能列为"脱欧"后现代工业战略的核心。2016年9月，英国下议院科学与技术委员会发布《机器人技术和人工智能》，2016年11月英国科技办公室发布《人工智能：未来决策制定的机遇与影响》。2017年1月，英国政府制定现代工业战略，重点支持发展人工智能、智能能源技术及机器人技术。

③德国将人工智能列为"工业4.0"计划的核心。德国对人工智能、智能机器人的支持，主要集中在"工业4.0"计划当中，涉及的机器感知、人机交互等都是人工智能的重要方向。

（2）全球互联网科技巨头布局人工智能

面对人工智能发展的新机遇，国内外互联网科技巨头把发展重心转向人工智能，纷纷在人工智能领域加速布局。

①从国际看，Facebook将人工智能列为其未来十年的三大业务支柱之一；IBM重点布局认知计算和类脑芯片；谷歌将其发展战略从"移动先行"转向"人工智能先行"；微软成立的投资基金将重点投资人工智能创业公司；Alexa语音助手有望成为亚马逊的第四大业务支柱。

②从国内看，人脸识别、指纹识别等生物特征识别技术成熟度高：百度的人脸识别准确率达99.7%；高精度地图覆盖率大于1万公里、相对精度达厘米级；科大讯飞的语音识别错误率已降至3.7%、中英同声传译准确率可达80%；腾讯着力在云端采用人工智能的方式处理大数据；联想、华为和京东等企业也开始在人工智能领域积极展开布局。

2. 未来产业链的重大机遇

（1）对人工智能的研究和应用均处于投入探索阶段

目前，以人工智能为核心的新一轮科技革命和产业变革蓄势待发，人工智能技术壁垒和产业格局尚未形成，各大经济体均处于同一起跑线上，对人工智能的研究和应用均处于投入探索阶段。

乌镇智库、网易科技及网易智能联合发布的《乌镇指数：全球人工智能发展报告》显示：2016年我国人工智能专利数量达到15745项，位列世界第二，仅次于美国；人工智能领域投资达到146笔，位列世界第三；人工智能发展已进入世界第一方阵。而国内除北上深广外，其他地区人工智能发展差距不大，基本处于同一起跑线上，且北上深广人工智能的发展也处于创业起步阶段，创业公司数量较少。

（2）人工智能迈入深度学习、应用深化的 3.0 时代

目前，人工智能进入第三次浪潮。随着计算机视觉、图像识别、机器学习及深度学习等技术日渐成熟，人工智能逐渐渗透到工业、驾驶、家居、医疗、教育、金融及安防等领域，并对许多传统行业产生颠覆性影响。

截至 2017 年 5 月，在我国人工智能创业公司中，计算机视觉和机器人创业公司分别达到 96 家和 92 家，占比分别为 26.2% 和 25.1%；自然语言处理创业公司达到 77 家，占比为 21.0%；智能驾驶、深度学习也是比较热门的领域。

在国家智能制造战略的推动下，人工智能在制造业转型中发挥着关键作用，人工智能与制造业融合发展态势不断增强。人工智能时代背景下推动传统行业改造升级，关键在于加快人工智能融合创新及其在传统行业的推广应用。

（3）人工智能新一轮扶持政策密集出台

自 2016 年起，我国人工智能发展已上升至国家战略层面，政策级别明显提升，支持力度持续加大。

① 2016 年 5 月国家发展和改革委员会等四个部门联合印发《"互联网+"人工智能三年行动实施方案》，明确提出要培育发展人工智能新兴产业、推进重点领域智能产品创新、提升终端产品智能化水平。

② 2016 年 7 月国务院印发的《"十三五"国家科技创新规划》，明确将"人工智能"作为发展新一代信息技术的主要方向，提出发展自然人机交互技术。

③ 2017 年 7 月国务院印发的《新一代人工智能发展规划》，从国家层面对人工智能进行了系统布局，并确立了"三步走（到 2020 年人工智能

总体技术和应用与世界先进水平同步；到 2025 年人工智能基础理论实现重大突破，部分技术与应用达到世界领先水平；到 2030 年人工智能理论、技术与应用总体达到世界领先水平，成为世界主要人工智能创新中心）"目标。

④全面启动实施的"科技创新 2030——重大项目""新一代人工智能重大科技项目"被列入其中，充分说明，在目前及未来较长一段时期，人工智能都是体现国家战略意图的重大科技项目。

第四节　AI时代，行业玩家的应对策略

人工智能时代，行业玩家的应对策略主要有：

1. 将人工智能纳入科技创新优先领域

（1）布局实施一批人工智能重大项目

围绕国家"科技创新2030——重大项目"，企业要整合产学研资源，深入实施国家人工智能重大战略计划，加强人工智能前沿技术布局，优先支持计算机视觉、智能语音处理、生物特征识别、自然语言理解及新型人机交互等关键技术，大力推动面向人工智能的基础软硬件技术开发。

（2）尽快组建一批人工智能创新平台

依托各类高校和科研机构在人工智能领域的技术积累，加快组建一批国家级人工智能重点实验室、工程实验室和工程研究中心，引导和支持骨干企业联合高校、科研院所建立人工智能产学研协同创新共同体。

（3）抢先申请一批人工智能核心专利

在加大人工智能技术研发力度的同时，抢抓人工智能技术壁垒尚未形成的战略机遇期，支持和引导高校、科研院所和骨干企业在国内外加快专利申请与布局，力争取得一批国际领先的人工智能核心专利。

2. 推进应用创新，培育发展新兴产业

（1）加快人工智能技术在建筑、家居、安防与医疗等领域的推广

具体方法是：加强新型传感技术、生物识别技术和智能控制技术等在建筑设施及其管理中的运用，着力研发具有互联网后台支撑、具备自学功能的智能家居产品；大力发展智能安防，将人工智能技术应用于安防产品中；支持在学校、医院和商场等公共服务场所开展人工智能技术应用，促进人工智能技术规模化应用。

（2）推动人工智能技术在汽车、无人机和消费电子产品领域的应用

具体方法是：建设安全、泛在和智能的云网端一体化车联网体系，积极发展智能网联汽车；大力发展自动巡航、远程遥控和图像回传等人工智能技术，不断提升无人机产品的性能和智能化水平；着力发展具备交互式智能控制、差异化场景定制等功能的智能家电产品，促进应用人工智能技术的可穿戴设备创新。

（3）推进人工智能技术与机器人技术深度融合

具体方法是：推动智能感知、模式识别及智能控制等人工智能技术的深入应用，提升现有机器人产品的性能和智能化水平；推广应用人机交互、自主导航、环境理解及智能决策等方面的人工智能技术，增强工业机器人、特种机器人与服务机器人的集成创新能力。

3. 引进龙头企业，促进人工智能产业发展

（1）规划建设一批人工智能企业孵化基地

具体方法是：以大学科技园、科技企业孵化器及高新技术产业化基地为载体，以人工智能为特色，覆盖大数据、云计算与物联网等业态，聚焦机器人、无人机、移动智能终端、可穿戴设备及虚拟/增强现实等领域，集

聚一批人工智能领域的高精尖人才，全力打造一批人工智能企业孵化基地。

（2）引进一批人工智能龙头企业

具体方法是：着重在计算机视觉、智能语音处理、生物特征识别、自然语言理解、新型人机交互及智能决策控制等核心技术领域，以及面向人工智能的软硬件制造、集成与应用领域，引进一批具有国际影响力的人工智能龙头企业。

（3）培育壮大一批本地企业

具体方法是：围绕智能机器人、智能无人机、智能驾驶、智能家居、智能建筑、智能安防、智能交通及智能医疗等应用领域，立足现有优势骨干企业，加快导入人工智能技术，实现本地化融合与创新。

4. 加强公共服务平台建设，夯实人工智能的基础

（1）建设人工智能大数据云服务平台

具体方法是：利用大数据、云计算等技术，对人工智能领域的知识进行大规模整合，建立人工智能大数据云服务平台，高效对接全社会的智力、数据、技术和计算资源，促进人工智能研发创新。

（2）建设人工智能创新创业服务平台

具体方法是：整合政产学研用等资源，搭建一批人工智能专业技术平台和公共服务平台，汇聚人工智能创新创业资源，提供技术研发、检验测试、数字安全、标准化及知识产权等专业化服务。

（3）建设人工智能基础资源平台

具体方法是：面向语音、图像和地理等信息，集成音频、视频、图片、三维模型和地理信息等格式数据，建设人工智能基础资源平台，为人工智能产业发展提供基础性、公共性服务。